減の鍵を握る非常に重要な場面となるでしょう。第二順位の血族相続人が相続を放棄して第三順位に譲るのが本当に得策であるかどうかの検討、小規模宅地等の選択や配偶者の税額軽減の適用の有無の判断を誤らないよう、ますます、専門家として適切なアドバイスができる十分な知識が要求されることとなってきました。

【改正項目と概要】

1. 遺産に係る基礎控除の引下げ

遺産総額が基礎控除以下の場合には、相続税は生じませんので申告義務はありません。この基礎控除額が引き下げられました。

《遺産に係る基礎控除額》

改正前	改正後
5000万円＋1000万円 ×法定相続人の数	3000万円＋600万円 ×法定相続人の数

2. 税率区分の改定と最高税率の引上げ

相続税は、基礎控除後の課税遺産額を法定相続人の数に応じた法定相続人が法定相続分で取得したものとした場合における各取得金額に、超過累進税率を乗じて計算した相続税の総額を各相続人受遺者に配賦して求めます。遺産があまり多くない場合は、基礎控除引下げによる影響を大きく受け、遺産の額が多額な場合は、税率区分改定や最高税率の引上げによる痛手を受けることになります。

はじめに

　相続税は、「相続開始の日（死亡の日）」における法律規定に従います。土地等の評価は、相続開始年度の路線価等をベースに計算することになるため、過去においてもいわゆるバブル時代の頃は、年末に死亡するか年が明けてから死亡するかで、相続税額が大きく変動しました。税制はその時代時代に応じて、現状に即して、かつ、政治や税収をも考慮して毎年改正されています。そして、課税時期が一度しかなく、その時期を任意にずらすことができない相続において、もっとも懸念されるのが税制改正なのです。

　このたびの相続税法改正により、遺産に係る基礎控除額が4割も縮減されました。また、税率区分の改定や最高税率の引上げなどもあり、近年において例をみない大幅な改正となっています。相続税の申告が必要かどうかは、遺産から債務をマイナスし、一定の生前贈与財産を加算した金額が基礎控除額以下かどうかで判断しますが、この課税最低限である基礎控除の金額が下がったため、相続税の申告が必要となる相続人等が大幅に増加することが予想されます。小規模宅地等の特例については、特定居住用宅地の限度面積が240㎡から330㎡に拡大されましたが、この特例は申告書の提出を要件に適用されるため、申告件数は間違いなく増加します。特に第二次相続での「顕著な申告割合の増加」が予想され、今までであれば、「父が亡くなり、母と子で相続し、母が配偶者の税額軽減を適用したため、第一次相続での納税額は少なく、第二次相続では母が残した遺産が基礎控除額の範囲内なので相続税の心配はない」というケースでも、平成27年1月1日以後に開始した第二次相続の場合ではそうはいかなくなるでしょう。

　また、最高税率が引き上げられていますので、法定相続人が少なく高い税率の適用を受ける者についての税負担はかなり厳しく、第二次相続で法定相続人の減少及び配偶者の税額軽減の適用がない場合の納税に大きく影響します。当然、兄弟間の相続の場合における2割加算額に今以上の重税感を感じるはずです。今後は、第一次相続での遺産分割が、第二次相続の税負担の軽

1

相続を成功へ導くアドバイス

Q&Aで完全攻略
遺産分割・課税財産

税理士 中 都志子【著】

きんざい

《税率構造の改正》

改正前		改正後	
上記各取得金額	税率	上記各取得金額	税率
1000万円以下	10%	1000万円以下	10%
2000万円以下	15%	2000万円以下	15%
5000万円以下	20%	5000万円以下	20%
1億円以下	30%	1億円以下	30%
3億円以下	40%	2億円以下	40%
		3億円以下	45%
3億円超	50%	6億円以下	50%
		6億円超	55%

《課税価格に応じた改正前後の税負担額》

課税価格の合計額	法定相続人1人		法定相続人2人	
	改正前	改正後	改正前	改正後
	万円	万円	万円	万円
5000万円	0	160	0	80
1億円	600	1220	350	770
2億円	3900	4860	2500	3340
3億円	7900	9180	5800	6920
4億円	12300	14000	9800	10920
5億円	17300	19000	13800	15210
10億円	42300	45820	37100	39500
15億円	67300	73320	62100	65790

3. 未成年者控除、障害者控除額の改定

　いずれも1年当たりの控除額が6万円から10万円に引き上げられました。なお、特別障害者の場合は、1年当たり12万円の控除が20万円になります。

　　Ex. 一般障害者に該当する年齢16歳8か月の者の控除額
　　　　未成年者控除額　　10万円×（20歳－16歳）＝40万円
　　　　障害者控除額　　　10万円×（85歳－16歳）＝690万円

4. 小規模宅地等の課税価格算入額の特例の改定

　居住用宅地等については、上限240㎡が330㎡に拡大されました。以前は居住用宅地と事業用宅地の併用は、居住用宅地の地籍には3分の5を乗じ、貸付宅地の地籍は2倍し、事業用宅地と合計で400㎡の限度面積以内での適用しかできませんでした。それが、平成27年の相続からは、居住用宅地と事業用宅地は、それぞれ330㎡及び400㎡まで完全併用できます。ただし、貸付事業用宅地がある場合は、調整計算が必要です。詳しくは、該当項目を参照してください。居住用宅地については、郊外の戸建て住宅なら限度面積の拡大は有難いでしょうが、都会のマンションでは、従前この限度面積まで利用しないケースが大半でしたので、基礎控除や税率の改正のほうが影響は大きいでしょう。

5. 国外転出時課税の特例の創設に伴う改正

　平成27年7月1日以後に国内に住所及び居所を有しなくなる者で、国外転出日前10年以内に国内に住所又は居所を有していた期間の合計が5年超かつ保有有価証券等の合計額が1億円以上であるものは、その有価証券等を譲渡したものとして譲渡所得が課税されることとなり、その制度の創設に伴い、相続税法における納税義務者の判定及び債務控除できる債務の内容についても見直しが行われています。

税制が現代ほど複雑ではなかった過去の時代において、相続税は「財産評価に始まり財産評価に終わる」といわれるほど財産評価が重要視されることがありました。評価のいかんによって税額が大きく変動するからです。そして、現在でも評価が重要であることに変わりはありません。しかし、宅地等については、相続開始直前における利用状況とその取得者及びその後の取得者の継続利用、同族株式については、被相続人及び取得者の議決権割合や役員であるかどうかなどによって、評価額や特例適用の有無が変わります。現行法に規定されている種々の特例の適用を受けるにあたっては、遺産の利用から始まって、遺産の分割、生前における贈与を検討しなければなりません。相続開始時点だけの評価に主眼をおくだけでは、相続税の軽減は図れないのです。

　今回は、Q&Aの形式により、まず相続税が課税される財産とその課税財産の価額から控除できる債務について説明し、遺産分割に関わる種々の論点を掘り下げ、相続税の課税、そして相続に絡む贈与税と所得税の課税について言及した内容にしています。制度の説明や用語については、巻末のページを参照していただくことにより概要が理解できるようになっています。相続に直面し、疑問に感じることがあればみていただき、少しでもお役に立つものとなれば幸いです。

中　都志子

目次 Contents

はじめに・・・・・・・・・・・・・・・・・・・・・・・・・・・・・・・ 1

🔶 課税財産

1　課税される財産・・・・・・・・・・・・・・・ 14
相続税の申告漏れになりそうな財産を教えてください。
── すべての財産を把握する ──

2　名義預金・・・・・・・・・・・・・・・・・・・ 18
家族名義の預金が、相続税課税されるケースを教えてください。
── 相続財産か否かの判断基準 ──

3　先代名義の不動産・・・・・・・・・・・・・・・ 20
遺産分割協議が成立せず、先代名義のままの不動産は、課税されるのでしょうか。
── 申告すべき不動産持分 ──

4　課税金額（売買契約中の財産）・・・・・・・・・・ 22
不動産の売買契約中の相続の開始で引渡しが済んでいない場合は、不動産の評価額で申告するのでしょうか。
── 申告すべき価額 ──

5　課税金額（換価分割）・・・・・・・・・・・・・・ 24
遺産のうち不動産は売却して、売却代金を分ける予定です。売却代金が課税財産になるのでしょうか。
── 申告すべき価額 ──

6　贈与財産（暦年課税贈与）・・・・・・・・・・・・ 26
被相続人からの相続開始前3年以内の贈与財産は、すべて相続税の課税財産になるのでしょうか。
── 相続税課税されない贈与財産 ──

7　贈与財産（相続時精算課税適用財産）・・・・・・・・ 28
父から相続した貸ビルは、祖父の死亡によりまた相続税課税されるのですか。
── 相続時精算課税贈与のリスク ──

8　みなし財産（生命保険契約関係）・・・・・・・・・・ 32
生命保険契約があった場合の相続税の課税について教えてください。
── 3パターンの課税財産 ──

9　みなし財産（生命保険金）・・・・・・・・・・・・ 34
契約者貸付金があった場合の死亡保険金の課税について教えてください。
── 契約者が被相続人ではない場合 ──

10　みなし財産（退職手当金）・・・・・・・・・・・・ 36
退職金を相続人が取得したにもかかわらず、非課税の適用がない場合もあるのですか。
── 4パターンの退職金 ──

11　マイナスの財産（贈与の義務）・・・・・・・・・・ 38
課税財産から控除できる被相続人の債務には、どのようなものがあるのでしょうか。
── 控除できる被相続人の債務 ──

12 保証債務・・・・・・・・・・・・・・・・・・・・・・・・・・・・・・・42
相続税の申告にあたって、保証債務を控除することができるでしょうか。
— 保証債務の控除が認められる場合 —

13 担保に供されている財産・・・・・・・・・・・・・・・・・・・・・・44
売却が困難な複数の抵当権が設定されている不動産でも課税されますか。
— 宅地評価に影響する事項 —

14 回収困難な貸付金債権・・・・・・・・・・・・・・・・・・・・・・・46
回収困難な貸付金は課税財産にしなくてもいいでしょうか。
— 課税財産にしなくても認められる場合 —

15 課税される生前贈与財産・・・・・・・・・・・・・・・・・・・・・・48
相続税が課税される生前贈与財産にはどのようなものがありますか。
— 注意すべき事項 —

16 財産の帰属等に争いがある場合・・・・・・・・・・・・・・・・・50
被相続人が争っていた損害賠償金の額について決着がついていません。相続税の申告は見積金額によることになるのでしょうか。
— 争いがある場合の相続税の申告 —

17 国外財産・・・・・・・・・・・・・・・・・・・・・・・・・・・・・・・・・52
相続人に日本国籍がなく、日本に居住していない場合は、国外財産は課税されないのでしょうか。
— 国外財産が課税されない者 —

18 財産の評価時期（死亡の日が不明）・・・・・・・・・・・・・・54
死亡の日が特定できません。死亡日をいつにすればいいでしょうか。
— 財産評価の基準日 —

19 非課税財産（贈与税）・・・・・・・・・・・・・・・・・・・・・・・・56
死亡直前の教育資金の一括贈与により課税財産を減らすことができるのでしょうか。
— 相続税課税されない贈与財産 —

20 負担付遺贈・・・・・・・・・・・・・・・・・・・・・・・・・・・・・・・60
借入金の弁済を条件として不動産を取得させる旨の遺言についての相続税の課税はどうなるのでしょうか。
— 負担による利益の帰属 —

21 遺留分減殺請求を受けた場合の課税財産・・・・・・・・・・62
納税が大変なので、遺留分相当額を課税財産から控除して申告してもいいでしょうか。
— 相続税の申告において —

22 遺留分減殺請求された相続時精算課税財産・・・・・・・・64
過去の贈与について遺留分の減殺請求を受けました。課税財産から弁済額をマイナスして贈与税及び相続税の計算をやり直すことができるのでしょうか。
— 弁償額が確定した場合の是正手続き —

23	**予期せぬ課税財産**・・・・・・・・・・・・・・・・・・・・・・・・ 66
	父は遺言で同族会社への債権を放棄しました。その債権は相続税の課税から外れるが、その法人の株主が相続税課税されると聞きました。
	── 非上場株式の評価額を左右する要因 ──

24	**贈与税申告が不要な財産**・・・・・・・・・・・・・・・・・・・・・ 68
	昨年贈与を受けた財産は相続税課税されるので贈与税の申告は必要ないでしょうか。
	── 贈与税の課税財産 ──

25	**相続財産を寄付した場合の相続税の非課税**・・・・・・・・・・・・ 70
	相続財産を一定の法人に寄付した場合の非課税制度は、生命保険金を寄付した場合にも適用がありますか。
	── 非課税の適用がない場合 ──

26	**遺産分割時の財産額での申告**・・・・・・・・・・・・・・・・・・ 72
	遺産分割に年数を要したため時価が変動しました。遺産分割時の財産額の取得割合を使用して、各人の相続税額を計算することはできるでしょうか。
	── 価額の変動を考慮した調整 ──

27	**取得形態別課税財産の価額**・・・・・・・・・・・・・・・・・・・ 74
	相続税が課税される財産は、すべて相続開始時の価額によるのでしょうか。遺産分割がどのように行われても課税価格の合計額は変わらないのでしょうか。
	── 相続税の課税金額 ──

28	**相続人不存在**・・・・・・・・・・・・・・・・・・・・・・・・・・ 76
	相続財産法人からの財産分与として居住用不動産の贈与を受けたのですが、課税はどうなりますか。
	── 適用税制、課税価格算入額 ──

29	**相続人間で争いがある場合**・・・・・・・・・・・・・・・・・・・ 78
	兄は生前に相続時精算課税贈与を受けたようですが、その額が不明なため相続税の計算ができません。
	── 所得税及び相続税の申告 ──

30	**小規模宅地等**・・・・・・・・・・・・・・・・・・・・・・・・・・ 80
	取得者によって、全員の税額にも影響を及ぼす宅地の評価の特例について教えて下さい。
	── 特例対象宅地等 ──

🍢 遺産の取得（遺贈・遺産分割）

31	**孫への遺贈**・・・・・・・・・・・・・・・・・・・・・・・・・・・ 86
	相続税が改正されたことによる影響はありますか。
	── 孫への財産移転の手段 ──

32	**死因贈与の活用**・・・・・・・・・・・・・・・・・・・・・・・・・**90** 長年生活を共にしてきた内縁の夫が、自宅を私に遺贈するといってくれていますが、遺言書は書き換えが可能とききました。自宅の取得を確実にする方法はないでしょうか。 ── 不動産を確実に取得する手段 ──	
33	**遺産分割のやり直しと課税**・・・・・・・・・・・・・・・・・・・**92** 兄が海外赴任することになり状況が変わったため、遺産分割のやり直しを考えています。 ── 遺産分割の無効を主張できる場合 ──	
34	**遺言を無視した遺産分割**・・・・・・・・・・・・・・・・・・・・**94** 遺言内容と異なる遺産の取得が遺産分割協議で成立しましたが、問題ありませんか。 ── 遺産分割の有効性 ──	
35	**相続人の異動と遺産分割**・・・・・・・・・・・・・・・・・・・・**96** 認知により相続人が増えました。遺産分割をやり直さなければならないでしょうか。 ── 相続税の申告を済ませていた場合 ──	
36	**代償分割**・・・・・・・・・・・・・・・・・・・・・・・・・・・・**98** 事業を承継した兄が、事業用財産すべてを相続したいといっていますが、私の相続する財産が法定相続分に満たなくなってしまいます。 ── 注意すべきこと ──	
37	**代償分割の可否、遺留分算定基礎財産**・・・・・・・・・・・・・**100** 私は、相続時精算課税贈与を受けたうえに、多額の死亡保険金を受領したので、他の相続人にも分割取得させたいのですが、代償分割はできますか。 ── 贈与税が課税されない方法は ──	
38	**事業承継**・・・・・・・・・・・・・・・・・・・・・・・・・・・**102** 相続を単純承認して、被相続人の事業を引き継ぐ場合の注意事項を教えてください。 ── 税務上必要な届出 ──	
39	**行方不明者の遺産**・・・・・・・・・・・・・・・・・・・・・・**104** 20年以上前に突如消息を絶った夫がいます。自宅は夫名義のままです。 ── 相続の開始 ──	
40	**遺産を取得させたくない場合**・・・・・・・・・・・・・・・・・**106** 私が死亡すれば、妻と弟が相続人ですが、弟は、怪しい団体に所属しており、何年も前から関係を断っています。私が生きているうちに相続人から廃除することは可能でしょうか。 ── 相続人が遺産を取得できない場合 ──	
41	**胎児がいる場合の遺産分割**・・・・・・・・・・・・・・・・・・**108** 夫の死亡後に懐胎しているのがわかりました。遺産分割において、胎児がいる場合に注意すべき点を教えてください。 ── 申告期限までに出生していない場合 ──	

42	**財産と借金が同額程度と想定される場合**・・・・・・・・・・・・110
	新規事業立ち上げのための借入金が多額にあり、遺産の取得よりも借入金の返済が気がかりです。
	― 限定承認の活用を阻む要因 ―

43	**換価分割と限定承認の税負担の相違**・・・・・・・・・・・・112
	相続財産をすべて譲渡して、債務弁済後の譲渡代金を遺産分割の対象としようと考えていますが限定承認をしたほうが有利ではないかとのアドバイスを受けました。
	― 譲渡所得について ―

44	**3か月を過ぎての相続放棄**・・・・・・・・・・・・・・・・116
	1年以上前に死んだ兄の債権者から、借金の取立てをされて困っています。
	― 放棄が認められる場合 ―

45	**簡便な相続放棄**・・・・・・・・・・・・・・・・・・・・118
	自宅を遺贈され、相続人である兄弟たちから相続を放棄してほしいといわれています。
	― 事実上の相続放棄を証する書類 ―

46	**複数の遺言書**・・・・・・・・・・・・・・・・・・・・・120
	複数の遺言書がある場合、公正証書遺言が有効になるのでしょうか。受遺者が先に亡くなっていた場合はその相続人が取得できますか。
	― 遺言書の優劣 ―

47	**遺言の有効性**・・・・・・・・・・・・・・・・・・・・・122
	祖母の自筆証書遺言があるそうですが、近年痴呆が進んでいた祖母が自ら書いたとは信じられません。
	― 遺言書が無効となるケース ―

48	**法人に対する遺贈**・・・・・・・・・・・・・・・・・・・126
	法人への遺贈は可能でしょうか。また、その場合の課税はどうなりますか。
	― 考慮すべき課税 ―

49	**遺留分を侵害した遺贈**・・・・・・・・・・・・・・・・・128
	先妻に全財産を遺贈するという夫の遺言書が見つかりました。私が遺留分を放棄すれば、子供たちの遺留分が増えますか。
	― 考慮すべき事項 ―

50	**遺留分に関する民法特例**・・・・・・・・・・・・・・・・132
	後継者である長男に、私の所有する同族会社株式を全株贈与したいと思っています。将来、子供たちの間で遺留分についての争いが起こらないか心配です。
	― 特例を受けるための手続き ―

51	**負担付遺贈、その他の利益の享受**・・・・・・・・・・・・134
	次男Bの住宅ローンの弁済を条件に長男Aに自宅を遺贈しようと思いますが、相続税の課税はどうなりますか。
	― 負担の利益が第三者に帰属する場合 ―

52	**包括遺贈と放棄**・・・・・・・・・・・・・・・・・・・・・・・・・・・・・・・136
	亡夫の父親から、遺産の4分の1が遺贈されました。同居の義母から自宅を取得するように言われましたが、相続人と争いたくありません。
	― 包括受遺者の権利義務 ―

53	**遺言内容**（停止条件、分割禁止）・・・・・・・・・・・・・・・・・・・・・138
	事務所兼貸ビルとその敷地は、ライセンス取得を条件に次男に遺贈したいのですが‥‥‥。
	― 検討すべき事項 ―

54	**申告までに開始した次の相続**・・・・・・・・・・・・・・・・・・・・・・140
	父の死亡後、間もなく母が亡くなり、遺産分割ができていません。父と母の相続について、どのような遺産分割が有利となるのでしょうか。
	― 考慮すべき事項 ―

55	**民法と税法の債務の承継の相違**・・・・・・・・・・・・・・・・・・・・142
	遺産分割協議で債務の負担を決定する場合に注意すべき事項を教えてください。
	― 民法より厳しい国税の納付義務の承継 ―

56	**相続分の譲渡**・・・・・・・・・・・・・・・・・・・・・・・・・・・・・・・・146
	遺産分割に関わり合いたくないので、相続分を譲渡しようと考えています。課税上の取り扱いを教えてください。
	― 譲渡人についての課税 ―

57	**国外居住者がいる場合の遺産分割**・・・・・・・・・・・・・・・・・・148
	相続人のうちに国外に居住している者がいる場合の遺産分割と印鑑証明について教えてください。また、所在不明で連絡がつかないときはどうすればいいでしょうか。
	― 印鑑証明に代わる書類 ―

58	**分割協議が整わない場合**・・・・・・・・・・・・・・・・・・・・・・・・150
	申告期限までに遺産分割協議が成立しなかった場合の有利・不利を教えてください。
	― 遺産が未分割では適用が受けられない相続税の規定 ―

59	**遺産分割基本事項**・・・・・・・・・・・・・・・・・・・・・・・・・・・・154
	遺産分割で最低押さえておくべき基本事項を教えてください。また、将来の譲渡を予定して遺産分割する場合に注意すべきことはありますか。
	― 譲渡予定の財産がある場合 ―

60	**各種特例を受ける場合**・・・・・・・・・・・・・・・・・・・・・・・・・・156
	遺産分割協議の中で、協議書記載事項以外で話し合っておくべきことはありますか。
	― 協議及び同意が必要な事項 ―

用語解説・・159

※下線を引いた語句及び制度の説明は巻末ページにあります（あいうえお順）。

課税財産

課税される財産

Q1 相続税の申告漏れになりそうな財産を教えてください。

A 実質は被相続人の財産とされる親族名義の預金、先々代名義や共有持分の不動産、借地権、被相続人が提出した確定申告の未収還付金及びその還付加算金、相続人が提出した準確定申告の還付金請求権、生命保険契約の権利、譲渡担保物件、差入保証金、端株、配当期待権、他県や国外の物件、未収穫の農産物等、訴訟中の権利、老人ホームの返還金、貸付金の既経過利息、相続開始間近の預金の引出し金などに注意してください。また、被相続人が3大疾病に罹り、リビング・ニーズ特約等で指定代理人の口座に入金された生前給付金は、相続開始時に残高があれば、たとえ代理人の預金口座にあっても、その金額は課税財産となります。その生前給付金については、非課税金額はありません。未経過地代家賃収入は財産に計上しません。

すべての財産を把握する

▶ 手許現金、預貯金、土地、土地の上に存する権利、建物、構築物、農地、山林、株式出資、金融商品、貸付金債権、預け金、事業上の債権及び資産、未収地代家賃、未収の給与・賞与その他の未収金、差入保証金、建物更生共済契約に関する権利、純金積立等の預け資産、一般動産、ゴルフ会員権等、信託受益権、漁業権、営業権、電話加入権、書画骨董、著作権及び出版権、特許権、商標権、意匠権等、牛馬、未収穫の農作物等、船舶、立竹木、生命保険金、退職手当金、その他のみなし財産。

Explanation

相続税が課税される財産は種々存在します。遺言書にすべての財産の記載があればよいのですが、そうでない場合は、まず被相続人の財産債務の把握に着手してください。遺品の整理、貸金庫の確認は不可欠です。過去に相続があった場合には相続税の申告書、賃貸している不動産がある場合には不動

産等の賃貸借契約書、そして郵便物などから課税財産を発見できる手がかりが見つかることがあります。所有不動産は、固定資産税の名寄帳又は納税通知書を確認します。しかし、共有物件は持分記載がない場合や共有者全員に納税通知書が送付されない場合がありますので、登記簿謄本を入手してください。

「借地権」とは、建物所有を目的として賃借している地上権又は賃借権ですが、登記がなされているケースは少ないので、建物と土地がセットで存在するかどうかを突合し、建物はあるがその敷地の所有がない場合は、敷地の利用が使用貸借（無償）によるものか、賃貸借（有償）によるものかを確認します。使用貸借の場合は敷地の使用権を財産として評価しませんが、敷地を賃借していた場合には、たとえ登記がなくともその敷地の賃借権が「借地権」として相続財産になります。建物と敷地がセットで存在した場合でも、敷地面積が小さい場合は、敷地の一部を他の者から賃借している可能性もあります。地代は家賃と異なり、毎月ではなく１年分又は数年分を一括して支払うことがあります。預金口座の出金をさかのぼってチェックすれば地代の支払いが発覚し、借地権の存在が明らかになることもあります。

預金や証券は、取引金融機関や証券会社に相続開始の日の残高証明書を請求してください。インターネットにおける預金口座や金投資口座は通常、郵送物がないため、遺族が気づかず申告漏れになるケースがあります。故人のパソコンの"お気に入り"の登録をみるなどして財産の把握に努めてください。また、過去の所得税の申告内容は必ず確認してください。生命保険料控除などの資料から契約締結している保険会社がわかれば、保険金の支払請求につながることもあります。また、所得税の申告の際、被相続人が財産債務の明細書又は国外財産調書を提出していたならばそこに記載された財産や債務が漏れていないかも確認してください。

家族名義の預金であっても、実質は被相続人の財産であると認められるものは課税財産です。過去に贈与を受けた財産であるとして課税財産から除外しても、その贈与について贈与税の申告がなかった場合は、贈与の事実の立

証ができなければ課税されることになります（Q2参照）。

　また、死亡前に多額の現金が預金口座から払い出されているにもかかわらず、手許現金として申告していない場合は、その使途を説明できるようにしておかなければなりません。

　なお、貸付金の受取利息については未経過分を課税財産に計上しますが、受取家賃はその月分を月末に受け取る契約であっても月初から死亡日までの日割り家賃を計算して課税財産にする必要はありません。所得税においても原則、支払日基準で収益計上しますので、たとえ被相続人が25日に死亡していたとしても、その月末に受領する家賃は、相続人の不動産所得として申告します（下図参照）。

■ 貸付利子及び家賃の取扱い

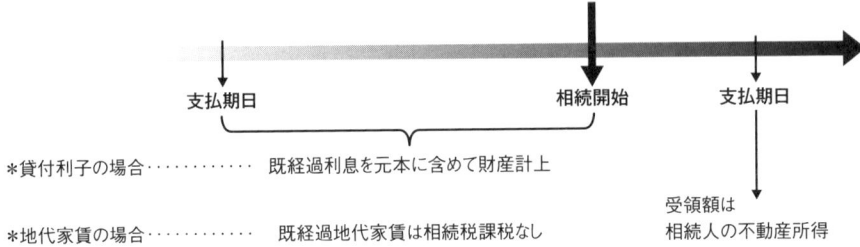

　被相続人が提出した確定申告の還付金に付される還付加算金は課税財産ですが、相続人が提出する準確定申告の還付加算金は、相続人の所得を構成し、相続人が収受した年度の雑所得として申告します。また、国民年金の未支給年金は相続財産にはならず、受給する遺族の一時所得として課税されます。

　申告期限までに相続財産が全焼した場合でも、相続開始時に現存していたものは課税財産です。ただし、甚大な被害の場合には災害減免法の適用により、その財産の価額から被害額を控除して申告することができますので、全焼で火災保険金の取得がないのであれば、課税金額は零です。申告後に全焼した場合は、延納していない限り相続税の減額はなく所得税での手当てになります。甚大な被害とは、課税財産から債務を控除した価額のうちに被害額（保険金等により補填される部分を除く）の占める割合が10分の1以上又は、

金銭及び有価証券以外の動産並びに土地等以外の不動産（建物、構築物、立木）である課税財産の価額のうちに被害額の占める割合が10分の1以上であることとされています。

【補　足】
　■相続人又は受遺者（遺言で財産を取得した者）が被相続人から生前に贈与を受けた財産の有無も確認してください。暦年課税贈与による場合は、相続開始前3年以内に贈与を受けた財産が相続税課税されます。相続時精算課税贈与による場合は、何年前の贈与であっても相続税の課税を受けます。また、贈与税の申告を失念していて6年超経過し、贈与税は時効で課税されない場合でも、相続時精算課税による贈与財産は相続税の課税財産となります（Q15参照）。
　■その年の12月31日において保有する国外財産の価額の合計額が5000万円を超える場合は、その国外財産の種類、数量及び価額その他必要な事項を記載した「国外財産調書」を、翌年3月15日までに所轄税務署長に提出しなければならないこととされています。「国外財産調書」は、虚偽記載又は不提出について罰則規定があります。なお、所得2000万円超の者が提出する「財産及び債務の明細書」が平成28年から「財産債務調書」に変わり、提出基準が所得2000万円超かつ総資産3億円以上又は保有有価証券等1億円以上となりました。「財産債務調書」には「国外財産調書」のような罰則規定はありません。
　「財産債務調書」又は「国外財産調書」に記載した財産について相続税の申告漏れがあり無申告加算税（15％・20％）又は過少申告加算税（10％・15％）が課せられるときは、それらの加算税の額から、申告漏れとなった国外財産に係る相続税の5％相当額が控除されるので、その財産に対応する部分の加算税の率が実質5％軽減されます。
　「財産債務調書」に国外財産の記載は要しません。備考に「国外財産調書に記載のとおり」と記載します。なお、相続税で国外財産としての財産の所在の判定は相続税法第10条に規定されていますが、「国外財産調書」に記載する国外財産のうち、有価証券については口座が開設された金融商品取引業者等の所在によるものとされており、同条と異なる判定をします。

名義預金

Q2 家族名義の預金が、相続税課税されるケースを教えてください。

A その金銭はどこからどのような経緯で預け入れられたのか、被相続人からの出捐（しゅつえん）である場合、名義人との間における贈与契約は成立していたのかを検討します。

　たとえば、過去に相続や贈与も受けていないのに、無職で無収入の配偶者が、被相続人死亡時に1億円の預金を有していたらどうでしょうか。預金の原資が被相続人の収入であるとすると、贈与の事実がない限り、当然、配偶者名義の預金であっても被相続人の遺産として課税されるでしょう。その預金口座に配偶者自身の老齢年金が振り込まれていたとした場合は、合理的に算出した金額が課税の対象になるでしょう。孫全員に預金口座を開設させて、そこにせっせと被相続人が一方的に入金して贈与したつもりで、贈与税の課税は時効、相続財産にもならないと思っていたら大間違いです。贈与の事実がないからです。贈与は契約です。一方だけの意思では成立しません。

相続財産か否かの判断基準

▶預金原資の出捐者の立証
▶贈与税の申告の有無
▶使用印鑑（一の印鑑を使い回ししていないか）
▶定期預金などの継続手続きをしていた者は誰か
▶預金通帳の保管状況（被相続人の管理ではなかったか）
▶受贈者側で贈与を受けた認識と引出しと使用の有無

Explanation

　タレントの親が子の金銭を自己名義で管理していた場合に、親が死亡してその預金が相続財産であると認定されることはまずありません。子や名義人本人の所得状況をみれば判断がつくからです。では、無収入である妻や子名

義の預金はどうでしょうか。被相続人から贈与を受けたものである場合、その贈与が相続時精算課税の適用を受ける贈与でない限り、贈与日の翌日から3年超経過していれば、相続税の課税はありません。贈与税も、贈与税の申告期限から6年（悪質な無申告とされた場合は7年）を経過すれば、時効により課税されません。

　しかし、この過去に贈与を受けたという主張が通らないケースが多いのです。贈与は契約です。片方の意思だけでは成立せず、「あげるよ」「ありがとう、もらいます」の意思表示が成立していなければなりません。客観的な判断として、贈与税の申告がなされていたのかは重要ですが、それのみで被相続人の財産ではないという主張が通るとは限りません。受贈者が頻繁に出し入れをして自らの財産として管理している場合は、贈与を受けたという主張も認められるでしょうが、そうでなければ、実質的に財産が受贈者に移転して受贈者の使用収益のもとにあったのかを判断するために、通帳や印鑑の保管者は誰か、継続手続きをした者は誰かなどを勘案することになります。贈与がなかったとされれば名義にかかわらず遺産分割の対象となり、相続財産として課税されます。当初申告で、名義預金かどうか判断がつかず曖昧な状態で遺産に計上した後に、課税財産から除外するために更正の請求をすることは避けてください。しかし、税務調査で指摘を受ける前に資金原資や贈与の事実の有無を確認して、相続財産に含めるかどうかの検討が必要です。

【補足】
　過去に名義預金の相続財産課税について争われた裁決事案や判例は数多くありますが、ほとんどのケースで納税者が敗訴しています。また、名義預金を相続財産に含めなかったことについて仮装隠ぺいと判断され、重加算税を賦課決定されたことについて争った事案でも納税者敗訴といえる結着になっています。妻が生活費の余剰金をへそくりして、自分の財産だと主張した事案でも、贈与と認めるに足る証拠もなく相続財産に該当するとした国税不服審判所裁決もあります。

先代名義の不動産

Q3 遺産分割協議が成立せず、先代名義のままの不動産は、課税されるのでしょうか。

A 遺産分割ができていない場合は、当初の相続に遡って、その被相続人の<u>法定相続人</u>が<u>法定相続分</u>で取得したものとして、今回の被相続人の相続財産となる持分を計算します。

なお、昭和22年5月2日までの旧民法のもとでの戸主の相続は家督相続となり、遺産分割協議の余地は一切なく、戸主となる長男の単独相続でした。昭和22年5月3日から昭和22年12月31日までは応急措置法が、昭和23年1月1日以降は新民法が適用となりますが、現行民法のもとでも、配偶者の法定相続分が現在の割合になったのは、昭和56年1月1日からです。それより前は、配偶者が第一順位の相続人とともに相続人となる場合の相続分は3分の1でした。相続発生年度に注意して持分を求めてください。

申告すべき不動産持分

▶ Ex. 甲(昭和40年死亡)の相続人は、配偶者Aと子Bと子C。昭和54年3月A死亡、平成27年5月にBが死亡した。遺産分割が未了の場合のBの遺産として課税対象となるのは2分の1。
・・・甲からの相続 $2/3 \times 1/2 = 1/3$ ⎫
・・・Aからの相続 $1/3 \times 1/2 = 1/6$ ⎬ 合計 $1/2$

■ 甲名義不動産について申告すべき持分

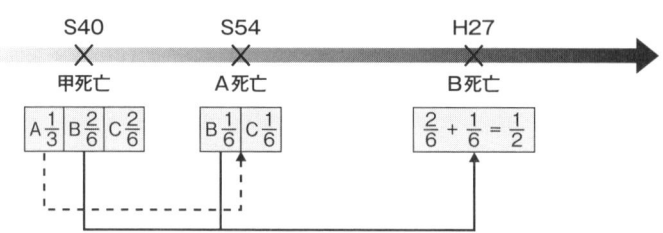

課税財産

Explanation

　第一次相続の遺産分割が確定しないうちに第二次相続が開始した場合は、第一次相続の相続人であった被相続人が第一次相続においてその不動産の法定相続分相当を取得したものとして、第二次相続における相続税の計算をします。そして、次の第三次相続が開始した場合は、第二次相続の相続人である被相続人が、さらに第二次相続において法定相続分で取得したものとして、今回の課税財産の価額を計算します。その後、それらの相続について遺産分割が整った場合には、相続税法特則規定に基づく<u>期限後申告</u>、<u>修正申告</u>又は<u>更正の請求</u>ができます。

　なお、遺産分割は済んだものの、登記がなされていない場合の相続税の申告は、その遺産分割協議書を添付し、その分割内容に基づく財産額で計算します。相続人が死亡し、世代が交替するごとに手続きが煩雑になるので早めに登記を済ませてください。

【補　足】
　不動産登記は義務ではありません。しかし、単独で相続したにもかかわらず長年にわたって登記を放置しておくと、相続人が１人でもできる法定相続分での登記を勝手にされてしまう、あるいは、死亡後に相続人がその不動産を被相続人が単独で相続したことを知らずに法定相続分による不動産持分で承継してしまうという心配があります。これについて税務署が誤りを指摘してくることはまずありません。また将来、譲渡などのため相続登記が必要となった時に、当初の相続人が全員生存していればいいのですが、死亡した者がいる場合にはその者の相続人、さらにその相続人の相続人と、手続きに関係する相続人の数が多数になってしまい登記が困難になることもあります。
　ただし、数次相続（相続登記をしない間にその相続人が亡くなり、次の第二の相続が開始すること）で第一の相続において相続人が１人のときなどは中間省略登記（先の相続登記を省略して直接、第二の相続人名義に相続登記すること）ができるので、この場合には第一の相続で登記を放置しておくことにより登録免許税の節税が図れます。

課税金額（売買契約中の財産）

Q4 不動産の売買契約中に相続が開始しました。引渡しが済んでいないので、不動産の評価額で申告するのでしょうか。

A 売主は、売買残代金請求権が課税されます。買主は、引渡請求権（売買代金相当額）が課税財産です。未払金があれば債務控除（Q11参照）の対象とします。しかし、未払いの残代金がないなど課税上弊害がなければ不動産の相続税評価額で申告しても差し支えありません。

また、被相続人が譲渡人である場合、所得税においては、譲渡日を契約日として選択すると譲渡所得の帰属が被相続人となり、引渡日を選択することにより譲渡所得の帰属が相続人となるため、いずれを選択するかにより、準確定申告内容や相続税の債務控除の額に影響します。なお、実務上、相続人の譲渡として扱う場合は、所得税の計算において相続税額の取得費加算を適用します。

■ 売主側の所得税の申告

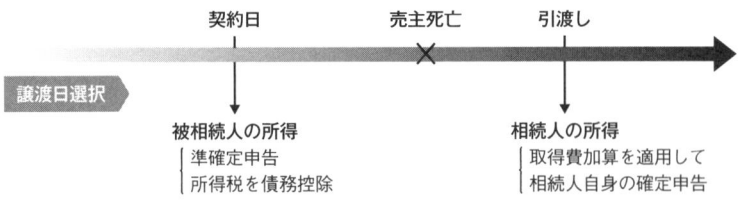

申告すべき価額

▶売主死亡の場合・・・相続開始時に未収の残代金の額
▶買主死亡の場合・・・買入れ金額又は不動産の評価額
　　　　　　　　　　未払いの残代金は債務控除

Explanation

　相続税評価は時価としながらも、財産評価通達の定めによるため、売買価額と相続税評価額が一致しないのは周知のとおりです。売買契約中に相続が開始した場合に、売買価額と相続税評価額に乖離がある場合には、何をもって課税財産とするかで相続税の負担に大きな影響を及ぼします。

　売主について売買契約中に相続が開始した場合、課税財産となるのは、売買残代金請求権である未収代金の額となります。

　買主について相続が開始した場合は、引渡請求権として売買代金相当額が課税財産になり、未払代金を債務として債務控除の対象にします。ただし、引渡し未了でも代金決済はほぼ完了している場合や、農地法の許可がおりず売買契約期間が長期にわたっている場合など事案によっては、不動産の相続税評価額での申告が認められます。また、売買契約中に売主が死亡、その契約を相続人が手付金倍額償還により解除して、不動産の相続税評価額で申告したところ、税務署に否認された事案が、税務訴訟で相続人勝訴の判決を得ています。回答と異なる扱いをする場合は、きわめて事実認定の問題となりますので、十分に検討してください。

【補　足】

　相続開始直前にタワーマンションを購入し、引渡しも完了しているにもかかわらず、不動産としての評価が認められず、購入価額で評価するのが相当である旨の審判所裁決がありました。明らかに行き過ぎた節税又は租税回避と判断せざるを得ない事案でした。

　なお、昭和63年から、「相続開始前3年以内に取得した不動産は取得価額で課税する」という措置法規定がありましたが、バブル崩壊で平成7年末をもって廃止されました。同族株式の評価をする際には通達において、3年以内取得土地等は通常の取引価額で評価することとなっています。

　上場株式売却直後に被相続人が死亡し、株式の引渡し及び代金決済が済んでいない上場株式に係る相続税の課税財産は株式の売買代金請求権で、その売却に係る証券会社に対する未払手数料は債務控除の対象となります。

課税金額（換価分割）

Q5 遺産のうち不動産は売却して、売却代金を分ける予定です。売却代金が課税財産になるのでしょうか。

A 相続財産を譲渡により現金化してその現金を分割する方法を換価分割といいます。相続人が一旦相続で取得した財産を譲渡することになるので、所得税の課税があります。限定承認（Q42参照）のように被相続人が譲渡したことにはなりませんので、相続人自身の確定申告が必要となり、住民税も課税されます。換価分割は、相続税の計算において、売却代金が課税財産になるわけではありません。売却代金の配分が決まっている場合は、売却した財産の相続税評価額を売却代金の取得割合で取得したものとして相続税の課税を受けます。

■ 売却代金の取得割合による申告

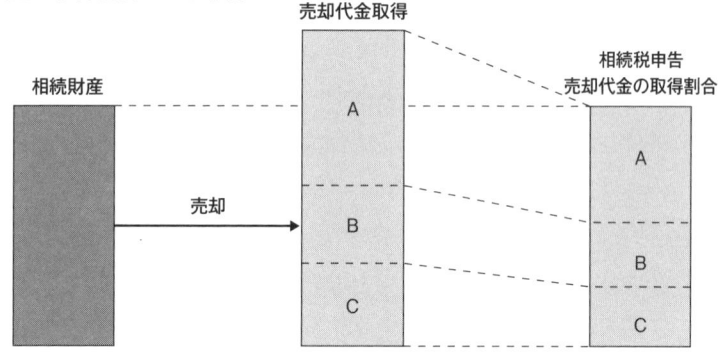

申告すべき価額

▶ 代金の取得割合を分割協議書で定めている場合
　・・・売却財産をその取得割合で申告
▶ 換価代金について取り決めはなく、その財産を法定相続分で取得する遺産分割協議がある場合
　　　　⇒法定相続分で取得したものとして申告
▶ 申告期限に換価代金の取得割合が確定していない場合
　　　　⇒未分割財産の課税（Q58参照）を適用して申告

Explanation

　相続開始時の被相続人の遺産はあくまでも不動産です。相続人が相続により取得し、その後に売却したという流れになります。

　売却にあたっては、相続登記が必要ですが、その際に、共同相続人のうちの1人の名義で相続登記をし、売却代金は遺産分割により配分した場合、名義人である相続人から他の相続人に対しての贈与とされ、贈与税課税が生じるのではないかという心配があります。しかし、その相続登記が単に換価のための便宜のものであると認められるのであれば贈与税課税はありません。

　所得税の申告については、換価代金の取得割合が協議で決定している場合は、その割合で譲渡所得の計算をします。売却当初は、換価代金の取得割合が決まっていなくても確定申告期限までに換価代金が分割された場合は、共同相続人全員がその取得割合に基づいて譲渡所得の申告をすることができます。確定申告期限までに換価代金の分割が行われていない場合には、法定相続分により申告することとなりますが、法定相続分により申告した後にその換価代金が分割されたとしても、法定相続分による譲渡に異動が生じるものではありませんから、所得税について更正の請求等をすることはできません。相続税の申告期限から3年以内の譲渡であれば、取得費加算を適用できますが、相続税の申告期限までに所得税の確定申告期限が到来するときは、その適用はできず、相続税の申告書を提出した後に更正の請求により適用を受けることができます。

【補　足】
　換価分割においては譲渡所得の計算上、取得費加算の適用がありますが、土地の優遇計算は平成27年からはありません。居住用財産の場合、譲渡特例が適用できる相続人が取得して、代償分割にする方法なども検討してください。また、譲渡宅地には小規模宅地等の特例（Q30参照）は適用できませんが、唯一、配偶者が取得した居住用宅地には適用があります。これらを考慮したうえで遺産分割を検討してください。

贈与財産（暦年課税贈与）

Q6 被相続人からの相続開始前3年以内の贈与財産は、すべて相続税の課税財産になるのでしょうか。

A 相続又は遺贈により財産（みなし財産及び相続時精算課税贈与により取得した財産を含む）を取得した者が、被相続人から相続開始前3年以内に贈与により取得した財産について、相続税が課税されます。すべての贈与財産が相続税の課税価格に加算（生前贈与加算）され、相続税課税されるわけではありません。相続財産等を取得しない者が被相続人から取得した贈与財産は、相続開始前3年以内に贈与を受けたものであっても相続税の課税はなく、贈与税の課税のみとなります。なお、贈与財産が相続税の課税価格に加算される場合は、贈与時の価額、すなわち贈与税課税された価額で、相続税の課税を受けます。贈与税が無申告の場合は、贈与税の申告をしたものとして、その贈与に係る贈与税額を相続税額から控除（贈与税額控除）しますが、遅滞なく贈与税の申告も済ませてください。なお、相続開始年分に被相続人から贈与を受けた財産で生前贈与加算されるものは、贈与税は非課税です。

相続税課税されない贈与財産

▶ 遺産(注1)を取得しない者が取得した贈与財産
▶ 贈与税の非課税財産（Q19参照）
▶ 特定贈与財産(注2)
 (注1)生命保険金等のみなし財産を含む。
 (注2)相続開始年分の贈与は贈与税の申告が必要。

Explanation

　贈与者である被相続人から相続または遺贈により財産を取得しない者は、その贈与財産が相続時精算課税贈与の適用を受けるものでない限り、相続税課税はなく贈与税のみで課税が完結します。直系尊属からの贈与は平成27

年から贈与税率が軽減されていますので、遺産を取得しない孫への生前贈与は相続対策となります。教育資金1500万円までの贈与税の非課税を適用して孫全員に贈与し、仮に1億円近くが相続財産から除外されるとしても、これは合法的な財産移転です（Q19参照）。また、婚姻期間が20年以上の配偶者から居住用不動産の贈与を受け、<u>贈与税の配偶者控除</u>の適用を受けた2000万円までの金額は、相続開始前3年以内の贈与であっても<u>特定贈与財産</u>として相続税の課税はありません。過去に被相続人からこの適用を受けたことがない場合は、死亡前に贈与を受ければ、申告を要件として特定贈与財産になります。贈与者との間でしっかりとした贈与の認識がある限り、その贈与が否認されることはないでしょう。

なお、財産の取得が生命保険金のみで全額が非課税となる場合でも、3年以内の贈与財産は生前贈与加算されます（下記ケース1）。また、相続税が課税される贈与財産の価額から<u>債務控除</u>（Q11参照）はできません（下記ケース2）。

■ 相続税の課税価格

ケース1	
生命保険金	2000万
同上の非課税	△2000万
生前贈与加算	500万
	500万

ケース2	
相続遺贈財産	5000万
債務（借入金）	△8000万
生前贈与加算	500万
	500万

【補　足】

　被相続人から遺産を取得した者は、相続開始前3年以内に贈与を受けた財産が110万円の基礎控除額以下で、贈与税の申告が必要ではなかった場合でも、その贈与財産は相続税の課税価格に加算され、相続税の課税が行われます。

　<u>住宅取得資金の贈与税の非課税</u>や居住用不動産の贈与について贈与税の配偶者控除の適用を受ける際に、贈与税の基礎控除額110万円を非課税枠等に加算して贈与した場合には、その非課税枠等を超えて贈与した110万円は相続税の課税価格に加算して、相続税課税しなければなりません。

　贈与税の申告義務があるにもかかわらず申告していなかった場合でも、相続税の計算で、生前贈与加算と贈与税額控除がありますが、贈与税の期限後申告が必要で、その申告については無申告加算税や延滞税が課せられます。

贈与財産（相続時精算課税適用財産）

Q7 父が死亡し、父が祖父から相続時精算課税贈与により取得した貸ビルを相続しました。今回、祖父が亡くなり、私が代襲相続します。祖父の相続で貸ビルがまた課税されるのですか。その場合、相次相続控除を適用できますか。

A 貸ビルはお父さんからの相続で、既にあなたに所有権は移転しているのですが、お父さんが贈与を受けた時に2500万円を控除した残額に20%の率で計算して納付した贈与税は、あくまでも相続税の概算払いなので、おじいさんの相続の際に貸ビルの贈与時の価額を相続財産の価額に加算して相続税の計算をしなければなりません。先に受贈者が死亡していた場合には、その者の相続人がその申告義務を承継することになります。したがって、あなたがお父さんに代わって申告します。それに伴う納付義務又は相続時精算課税贈与の贈与税額の還付が受けられる場合にはその権利を相続人であるあなたが承継します。相次相続控除は、祖父死亡後間もなく父も死亡といったように、短期間に重ねて相続があった場合に、同じ財産に再度相続税が課せられるという相続人が感じる相続税の重税感を軽減するために設けられている制度です。貸ビルは父の相続と祖父の相続で2回相続税が課せられますが、2回目の課税は相続によるものではなく生前の相続時精算課税贈与の「税金の精算」に過ぎないため、当然のことながら相次相続控除の適用はありません。

相続時精算課税贈与のリスク、贈与が不利になるケース

- ▶贈与財産の滅失
- ▶贈与時から評価が下落
- ▶贈与者より先に受贈者が死亡
- ▶相続税法改正により将来の相続税が課税強化
- ▶多額の贈与が可能なため、遺留分の問題が生じること
- ▶相続税で精算される際の納税資金の手当て不足

Explanation

　相続時精算課税贈与は、贈与者が死亡すれば、その贈与財産は現状にかかわらず贈与時の価額で相続税課税されるため、評価額が大幅に下落していた場合でも、贈与を受けた財産が滅失していた場合でも、その下落や滅失は考慮されず、贈与時の価額で相続税課税されます。また、贈与時には遺産総額が基礎控除額以下のため、相続時に贈与税の還付が予想されるケースでも、その後の税制改正による相続税の基礎控除の縮減や税率アップで想定外の納税が発生することもあります。また、相続時精算課税贈与を受けた受贈者が先に死亡した場合は、その受贈者の相続人が、受贈者の相続時精算課税贈与に係る権利義務を承継することが税法上定められています。本事案では、相続時精算課税贈与を受けた者（父）が、贈与者（祖父）よりも先に死亡したため、受贈者（父）の相続人（相談者）は、その後、贈与者（祖父）が死亡した際に、受贈者（父）の取得した相続時精算課税の適用を受けた贈与財産について、相続税の申告及び納税義務があります。しかし、その相続税額を受贈者（父）の相続についての相続税の計算上債務控除することはできません。将来予測できる被相続人（父）の債務であっても、その時点で納付すべき税額が明らかではなく、還付になるケースも想定されるからです。

　相続時精算課税贈与は、平成27年から贈与者の年齢要件が60歳に引き下げられ、孫への贈与にもこの制度の適用が認められることになりました。贈与から相続まで30年以上の期間がかかるケースも出てくるのではないでしょうか。数十年経った時点でも、贈与者死亡の際には、その贈与財産について相続税の課税を受けなければならないことを意識しておく必要があります。通常の場合、孫は祖父母の相続人ではないため、贈与者である祖父母から遺産を取得できるとは限りません。したがって、相続税の納税資金の手当てが困難な場合も考えられます。贈与者死亡時に受贈者が既に死亡していたため、その受遺者の相続人が納税義務を承継するときはなおさらです。

　なお、贈与者の死亡時に受贈者のみならず、受贈者の相続人が既に死亡し

ている場合には、受贈者が取得した贈与財産について相続税の申告の必要はなく、相続時精算課税の適用を受けた贈与は、贈与税のみで課税が完結します。

　相次相続控除は、短期間に重ねて「相続」があった場合の税負担の軽減を考慮して設けられた制度であるため、今回の被相続人が前の相続の相続人であったことが要件とされています。本事例で、今回の被相続人である祖父が、父の死亡時に何らかの遺産を取得して相続税の納税をしていたとしても、祖父の死亡により遺産を相続した相談者に相次相続控除の適用はありません。

　一般的には、祖父から父、父から子へと遺産が承継され、2度の相続税の課税が生じるところ、今回のケースでは父が祖父よりも先に死亡し、相談者は祖父の1親等の血族ではないものの代襲相続人となったため、相続税額の加算の適用はなく、祖父から孫（本事案の相談者）へ直接遺産が移転し、結果的に祖父の財産について相続税の負担を一回免れたことになります。ただし、貸ビルについては、祖父から父へ相続時精算課税による贈与がなされていたため、贈与がなければ1回の相続税課税で済んだところ、2回課税を受けることになってしまいました。

　結局、相談者は祖父の相続で、自身が相続人として提出する相続税の申告義務と、父の相続人として父が申告すべき相続時精算課税贈与の精算のための相続税の申告義務の承継という2つの申告義務が生じます。

【補　足】
　相続税の納税資金の手当てができない場合でも、相続時精算課税の適用を受けた贈与財産を物納することはできません。相続税の延納をする場合の利子税等の計算においても、不動産等として扱えるのは相続開始年分に贈与を受けた不動産等に限られますので、延納期間及び利子税の割合について不利な扱いとなります。

　また、相続時精算課税により高額な贈与が可能となり、その取得した贈与財産の価額は、相続税の申告で他の共同相続人に明らかとなるため、遺留分減殺請求につながることもあります。

課税財産

■ 贈与を受けた者が贈与者よりも先に死亡した場合の課税

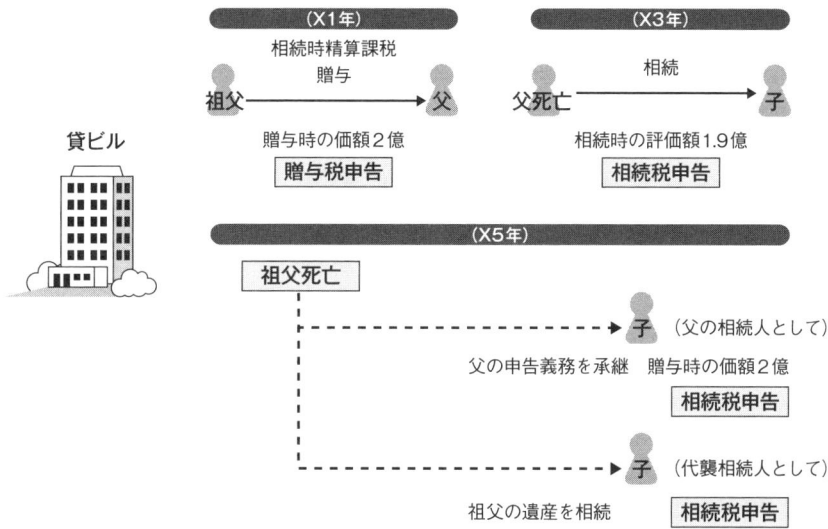

■ 相次相続控除

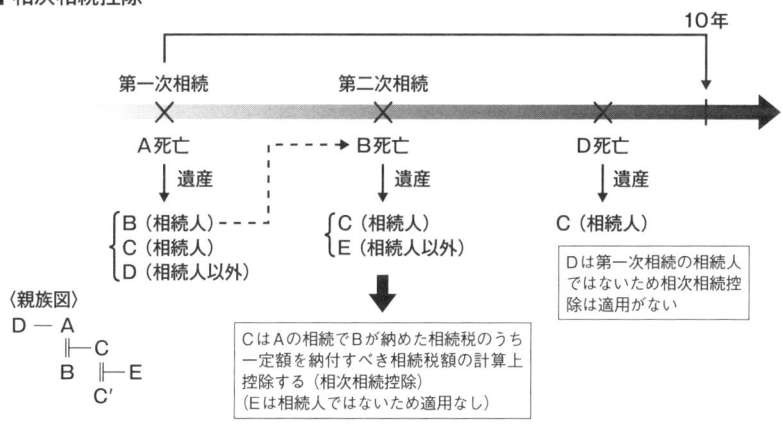

みなし財産（生命保険契約関係）

Q8 生命保険契約があった場合の相続税の課税について教えてください。

A まず、保険料を誰が負担していたかを確認してください。相続税の課税が生じるのは、被相続人が保険料を負担していた場合に限られます。保険料負担者は実質で判断します。契約者が保険料負担者とは限りません。また、被相続人が先代の死亡保険金を年金形式で取得しており、被相続人の死亡後、遺族が残存期間その年金を継続受給する場合は、その契約に係る保険料は被相続人が負担したものとして、年金継続受給権として評価した金額が相続税課税されます。

課税財産3パターン

▶ 生命保険契約に関する権利
　・・・保険事故未発生（被保険者生存中）
▶ 生命保険金
　・・・保険事故発生（被相続人死亡により保険金受領）
▶ 保証期間付定期金に関する権利
　・・・被相続人が受領していた年金の継続受給

Explanation

被相続人が保険料を負担していた生命保険契約がある場合には、次の3種類のいずれかのみなし財産として相続税が課税されます。

1. 生命保険契約に関する権利（次ページ①のケース）

被保険者が生存している場合の課税財産です。契約者が被相続人の場合は、遺産分割協議で契約の承継者を決めます。契約者が被相続人以外の場合は、みなし財産として契約者が相続税課税されます。いずれも解約返戻金（解約返戻金の他に支払われることとなる前納保険料の金額、剰余金の分配額等がある場合にはこれらの金額を加算し、解約返戻金の額につき源泉徴収される

べき所得税の額に相当する金額がある場合には当該金額を減算した金額）によって評価します。なお、その後に被保険者が死亡した場合は、その生命保険契約に係る保険料はこの課税を受けた契約者が負担したものとして支払われる保険金の課税関係を判断することになります。

2. 生命保険金（下記②のケース）

被保険者が被相続人で死亡保険金が支払われる場合は、生命保険金等として相続税課税されます。生命保険金とともに支払われた剰余金、割戻金、前納保険料があれば生命保険金に加算し、相続税の課税をします。相続人が取得した場合は、一定金額が非課税（Q9参照）です。

3. 保証期間付定期金に関する権利（下記③のケース）

甲が父の死亡保険金を年金形式で受給しており、その受給期間を残して死亡したため、甲の遺族が残存期間受給する年金は定期金に関する権利の評価に基づき計算した金額で相続税課税されます。この場合、保険料の負担が父であっても被相続人である甲の負担として相続税が課税されます。

■ 被相続人が保険料を負担していた場合

```
（亡）父 ───── 被相続人甲
              ‖ ───── 子A
              配偶者乙
```

ケース	被保険者	課税対象者	備考
①	乙	保険契約者又は相続人	注1
②	甲	保険金受取人	
③	父	一時金又は年金受取人	注2

（注1）契約者が課税対象者であるが、契約者が被相続人の場合は本来の財産として相続人が取得する。
（注2）父が保険料を負担していた場合でも甲負担とみなして相続税課税される。

【補　足】
　死亡を基因として支払われるものではなく、被相続人が生前の疾病等により給付を受ける入院給付金などは、みなし財産ではなく本来の財産である未収保険金として遺産分割協議の対象になります。ただし、配偶者が契約上の受取人であったため受け取った入院給付金は、たとえ死亡保険金とともに取得したとしても相続税財産にはなりません。所得税も非課税です。

みなし財産（生命保険金）

Q9 死亡保険金の課税について教えてください。契約者貸付金が控除されて支払われた場合はどうなりますか。

A その保険契約に係る保険料が被相続人負担であれば、取得した保険金は受取人が相続税課税されます。保険金から控除された契約者貸付金がある場合は、契約者が被相続人であれば、受取人が取得した契約者貸付金控除後の保険金が課税対象となります。契約者が被相続人以外である場合は、受取人の課税は変わりませんが、契約者が保険金からの控除により返済不要となった契約者貸付金相当額を、生命保険金として取得したものとして相続税課税されます。

取得者が相続人であれば、この保険金について非課税金額を計算することになります。

契約者が被相続人ではない場合

《契約者貸付金があった場合の課税対象者、課税金額》
▶契約上の受取人・・・契約者貸付金控除後の金額
▶契約者・・・・・・・契約者貸付金の額

Explanation

契約者は、解約返戻金の範囲内で、保険会社から金銭の貸付を受けることができます。返済が済んでいない状況で、被保険者である被相続人が死亡した場合には、保険会社は、この契約者貸付金を控除して死亡保険金を支払います。保険金から控除された契約者貸付金がある場合には、受取人については控除後の保険金が相続税課税されますが、契約者が被相続人ではないときは、契約者は返済不要となったその契約者貸付金相当額が生命保険金として相続税課税されます。保険料負担者が被相続人ではなくても、負担者が死亡し、その相続で被相続人がQ8の1.の「生命保険契約に関する権利」の課

税を受けていたときには、その保険料は被相続人負担として扱います。

相続人が取得した保険金は、一定の方法で計算した非課税金額の適用を受けることができます。非課税金額の計算にあたっては、生命保険金とともに支払われた剰余金、割戻金、前納保険料も生命保険金に加算します。すべての相続人が取得した保険金の合計が、「500万円×法定相続人の数」（非課税限度額）以下であれば、取得保険金が全額非課税です。超える場合は、非課税限度額をそれぞれの相続人が取得した保険金の比で配分して非課税金額の計算をします。

■ **生命保険金の非課税**

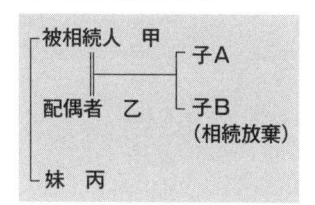

被相続人　甲 ─ 子A
配偶者　乙 ─ 子B（相続放棄）
　　　　　　妹　丙

受取人	取得保険金	非課税金額
乙	5000万円	1500万円(注)×$\frac{5000万円}{5000万円+1000万円}$＝1250万円
A	1000万円	1500万円(注)×$\frac{1000万円}{5000万円+1000万円}$＝250万円
B	1000万円	0
丙	3000万円	0

（注）非課税限度額　500万円×法定相続人の数（3人）＝1500万円
　　　B及び丙は相続人ではないため非課税適用はない。

【補　足】

相続人が取得したみなし財産である生命保険金には非課税金額がありますが、生前に給付が確定していた入院給付金のような単なる未収の保険金には非課税金額はありません。会社が保険料を負担し被保険者が従業員で、その従業員が死亡して遺族が死亡保険金を受け取った場合は、会社が退職手当金支給を目的とするのであれば、「退職手当金」の課税、そうでない場合には、保険料については被相続人である従業員が負担したものとして、「生命保険金」の課税になります。生命保険金と退職手当金はそれぞれ非課税限度額がありますので、どちらの課税になるのか判断を誤らないようにしてください。

保険金を遺産分割の対象として受取人以外の相続人に支払うことはできません（Q37参照）。

みなし財産（退職手当金）

Q10 退職金を相続人が取得したにもかかわらず、相続税の非課税の適用がない場合があるのですか。

A 相続人が取得した場合に、みなし財産として非課税金額が適用できるのは、生前退職又は死亡退職を問わず、被相続人の死亡後3年以内に支給が確定した退職金です。「支給が確定した」とは単に支給することが決まったというだけではなく、「支給する金額が確定」したことを意味します。単に支給が遅れていただけで、死亡後に支払いを受けるものは、「みなし財産」ではないので、非課税金額はありません。

4パターンの退職金

▶遺産分割協議の対象となる未収金
　・・・支給額が確定している生前退職金で死亡時に未収のもの
▶みなし財産である退職金
　・・・死亡後3年以内に支給金額が確定したもの
▶契約に基づかない定期金に関する権利
　・・・被相続人が受給していた退職年金の継続受給権
▶所得税課税の退職金
　・・・死亡後3年を超えてから支給金額が確定したもの

Explanation

　退職金は、取得する日と無関係に課税関係が決まります。生前退職又は死亡退職を問わず、被相続人の死亡により遺族が取得する退職手当金、功労金その他これらに準ずる給与（以下、「退職手当金等」という）で、死亡後3年以内に支給額が確定したものは、みなし財産としての課税になります。したがって、生前退職金であっても死亡までに支給金額が決まっておらず、死亡後3年以内に確定した場合には、みなし財産として非課税金額を適用することができます。退職金でも、被相続人は既に退職していて生前に支給額が確定していたにもかかわらず、単に支給が遅れていただけで、死亡後に支払

いを受けるもの及び死亡後に支払われた給与や賞与は、みなし財産ではないので、非課税金額はありません。本来、相続人が相続財産として取得するものであり、遺産分割協議で取得者を決めます。

死亡後3年以内に支給額が確定したみなし財産である退職手当金等の取得者が定まっていないときは、相続人の協議により取得者を決めるか、協議がなければ均等取得として申告します。

みなし財産である退職手当金等を<u>相続人</u>が取得した場合は、生命保険金と同じく、「<u>500万円×法定相続人の数</u>」で計算した金額までは非課税なので、その金額を超える部分のみ相続税が課税されます。

また、退職手当金等の額が決まっていないため課税財産に含めず申告書を提出した後に退職手当金等の支給金額が確定した場合には、修正申告書を提出することができ、その提出の時までに増加した税額の納付を済ませれば、附帯税は課せられません。しかし、死亡後3年を経過してから退職手当金等の金額が確定した場合は、相続税の課税ではなく遺族の一時所得として所得税が課税されることになります。

なお、被相続人が受給していた退職年金を、遺族が継続して受給する場合は、その受給権が、みなし財産である「契約に基づかない定期金に関する権利」として、<u>定期金に関する権利の評価</u>に基づき計算した金額について相続税課税されます。この場合、非課税金額はありません。

【補　足】
　勤務先の会社が保険料を負担していた場合において、会社が従業員の家族等を被保険者として加入していた<u>生命保険契約に関する権利</u>を、従業員の死亡により、遺族に取得させる場合は、解約返戻金相当額がみなし財産たる「退職手当金」として課税されます。

　会社が弔慰金という名目で支給する金額のうち、実質的に退職手当金に当たる部分の金額は、退職手当金等に加算して課税されます。実質的に退職手当金に該当するかどうかの判断が困難なときは、普通給与の半年分（業務上の死亡の場合は3年分）を超える部分の金額を退職手当金等に含めます。

マイナスの財産（贈与の義務）

Q11 父の友人が生前父から船舶の贈与を受けています。引渡しは済んでいません。船舶は相続財産になりますか。また、課税財産から控除できるのはどのような債務でしょうか。

A 船舶は相続財産です。しかし、引渡義務として同額を債務控除することになります。相続人又は包括受遺者は、相続開始の際、現に存する確実な被相続人の債務を、相続税の計算上、課税財産から控除することができます。また、葬式費用の控除も認められています。ただし、その者が制限納税義務者（Q17参照）に該当する場合には、取得した課税財産とひも付きの債務又は被相続人が事業をしていた場合におけるその事業上の債務しか控除は認められず、葬式費用は一切控除できません。控除できる債務かどうかは相続開始時に現存している、そして確実に負担すべきものであるかどうかで判断します。

■ 被相続人が生前に贈与をしていた場合

相続財産 ← 🚢 贈与の義務 → 債務控除

控除できる被相続人の債務

▶ 相続財産に関する贈与の義務、借入金、未払金、未払医療費、死亡年度の固定資産税、相続人が準確定申告で納付する所得税、カード未決済金、保険事故が発生していない生命保険契約の契約者貸付金（被相続人が契約者の場合）、不動産貸付における預かり保証金等、事業上の債務（借入金、買掛金等、事業閉鎖に伴う従業員への退職金）、支払いが確定している損害賠償金など

課税財産

Explanation

　相続人及び包括受遺者は、課税財産の価額から被相続人の債務及び葬式費用を控除することができます。これを「債務控除」といいます。ただし、相続人又は包括受遺者が制限納税義務者の場合は葬式費用の控除は認められず、被相続人の債務で控除できるのは、以下のものに限られます。
① 取得した課税財産に係る公租公課
② 取得した課税財産を目的とする留置権、特別の先取特権、質権、抵当権で担保される債務
③ ①、②以外でその財産の取得等のために生じた債務
④ その財産に関する贈与の義務
⑤ 被相続人が死亡の際、日本国内に営業所又は事業所を有していた場合においては、その営業上又は事業上の債務

　無制限納税義務者（Q17参照）は、葬式費用及び被相続人の債務を控除できますが、保証債務及び連帯債務は、相続開始の時点で控除の可否を判断します（Q12参照）。差し引くことができる債務は、被相続人が死亡した時に存在していた債務で確実と認められるものです。

　なお、被相続人に課される税金で被相続人の死亡後に相続人が納付又は徴収されることになった所得税などの税金については、被相続人が死亡した時に確定していないものであっても債務控除ができますが、相続人の責に帰すべき事由により納付又は徴収されることになった延滞税や加算税などは、債務控除できません。また、相続時精算課税贈与を受けた者（受贈者という）が贈与者より先に死亡した場合には、その後贈与者が死亡した時に、受贈者の相続人であった者は、受贈者が贈与を受けた財産を贈与者の相続財産に算入して相続税の申告及び納税をする義務を負いますが、この義務は債務控除の対象にはなりません。その申告により納付税額が生じた場合には、その相続人が自己の財産から負担しなければなりません（Q7参照）。

■控除できる債務

　控除できるのは、相続開始の際、現に存する確実な債務です。被相続人の借金や資産購入の未払金、事業上の債務などはもちろんのこと、固定資産税や自動車税などのように賦課期日が定められている租税は、たとえ相続開始時に納税通知書が届いていなくても賦課期日（固定資産税は1月1日、自動車税は4月1日）に生存していた被相続人の債務として控除します。被相続人が、申告書を提出していない、あるいは提出したが納税は済ませていない未納の税金も債務控除の対象です。その年1月1日から死亡の日までの被相続人の所得について準確定申告をして、相続人が納付すべきこととなった所得税や消費税も債務控除できます。ただし、被相続人の未納税金や準確定申告の所得税であっても、国外転出時課税制度における納税猶予分の所得税額は債務控除の対象とはなりません。しかし、納付義務を承継した相続人がその納税猶予分の所得税額を納付することとなった場合には、更正の請求ができることとなっています。

　合名会社、合資会社の無限責任社員が死亡した場合おいて、その会社が債務超過で債務を完済することができない状態にあるときは、その死亡した無限責任社員の負担すべき持分に応ずる会社の債務超過額は、相続税の計算上、被相続人の債務として相続財産から控除することができます。また、被相続人が契約者で被保険者ではない保険契約の契約者貸付金なども債務控除の対象になります。

■控除できない債務

　非課税財産に係る債務、たとえば墓地や仏壇などの購入についての未払金は債務控除できません。墓地や仏壇などは相続税が非課税です。非課税財産に係る債務は控除できません。これらを取得した際の未払金は、生前に支払いを完結させておきましょう。死亡後に発生した相続財産の管理費用、遺産分割等に関しての税理士、弁護士、遺言執行者への報酬は被相続人の債務ではないので控除できません。裁判などで争っていて決着がついていない損害賠償金は、確実に負担が確定している金額は控除できます。保証債務は、原

則として控除できません(Q12参照)。連帯債務は、債務者間で負担割合が定まっている場合は、その被相続人が負担すべき割合に相当する金額、定まっていない場合は、債務者の人数で頭割りにした債務の金額が控除できます。

■葬式費用

通夜、仮葬式、本葬式、埋葬、火葬、納骨、遺体搬送代、お布施その他葬式前後に支出するもので通常葬式に伴い生じると認められるもの、遺体の捜索運搬に要した費用も控除できます。香典返しの費用、初七日その他法要のための費用、医学上の事由や裁判上の事由などで必要となった遺体解剖費用などは控除できません。

【補 足】

申告期限までに債務や葬式費用の負担者が定まっていない場合には、民法第900条の法定相続分、第901条の代襲相続分、第902条の指定相続分により負担したものとして申告します。

葬式費用に限って、相続を放棄した者であっても、実際に費用を負担していれば控除が認められます（相続税基本通達13−1）。

債務の金額は、相続時精算課税適用財産（被相続人から相続時精算課税贈与を受けた財産）の価額から控除することができますが、相続開始前3年以内に取得した生前贈与加算財産の価額からは控除できません。また、相続人及び包括受遺者以外の者が債務を負担しても債務控除はできないので、相続人が債務を負担した場合と比べると、結果的にその債務の額に相当する金額について課税価格の合計額が増加し、全員の相続税額を増額させることにもなります。したがって、相続人又は包括受遺者以外の者が負担すべき債務などがあれば、生前にその債務の負担を条件とした遺贈（負担付遺贈（Q51参照））をしてください。また、制限納税義務者は控除できる債務が限定されていますが、この負担付遺贈によれば、本来控除できない債務の負担について債務控除と同じ効果が得られます。

保証債務

Q12 父は、親族の事業上の借入について連帯保証をしていましたが、現在その親族に返済能力がありません。相続税の申告にあたって、保証債務を控除することができるでしょうか。

A 保証債務は、原則として控除できません。債務者の事業がうまくいかず、個人資産もなく、弁済が滞っているといった実情のみで債務控除が認められるケースは少ないでしょう。また、法人の借入について個人保証しており、その法人が債務超過であるといった事由だけでは、債務控除は認められません。保証債務は、主たる債務者に弁済能力がないため、保証人が代わって弁済しなければならず、弁済しても、その後において主たる債務者にその弁済額を返してもらうことができないと見込まれるときに限って控除することができます。

保証債務の控除が認められる場合

以下のすべてに該当した場合において、弁済不能部分の金額については、債務控除の対象となる。
▶相続開始時に債務者が弁済不能の状態にある
▶保証人がその債務を履行しなければならない
▶主たる債務者に求償権を行使しても弁済を受ける見込みがない

Explanation

債務控除は、「確実」と認められる債務に限られており、その「確実」であるかどうかの判断は、相続開始の時点によることとされています。したがって、死亡の時の状況確認が必要です。たとえば債務者である親族が相続開始の時において不治の病を患っており、借金は弁済不能の状態で、その親族には後継者もなく、今後の事業継続も困難で、財産状態からして、保証人である被相続人が借入金を弁済せざるを得ない状況にあり、遺族が求償しても返還

してもらうことはできないといった事情が、相続開始の時点で確実であれば債務控除可能です。しかし、その親族が被相続人の死亡の時点では健在であり、事業も順調であったところ、その後に病に倒れ、弁済不能の状態に陥ったために相続人がその借入金を弁済しなければならなくなった場合には、たとえ相続税の申告期限前に生じた事情であっても通常は債務控除はできないでしょう。相続開始時で判断するからで、将来予測は一切考慮してくれません。

相続開始前において債権者から保証債務の履行をせまられており、被相続人の保証債務を承継した相続人が、その保証債務を履行するために資産を譲渡した場合には、所得税法第64条第2項に定める「保証債務を履行するための資産の譲渡」に該当し、求償権行使不能額に対応する部分の金額について、譲渡はなかったものとする特例を適用することができます。そして求償権が行使不能ですから、相続税の計算上、債務控除ができます。同じく、被相続人が借入金で保証債務を履行した後に、その借入金を承継した相続人がその借入金を返済するために資産を譲渡した場合においても、その資産の譲渡が保証債務を履行した日からおおむね1年以内に行われており、実質的に保証債務を履行するためのものであると認められるときは、上記の所得税の特例があります。被相続人の借入金は、相続税の課税価格の計算上、債務として控除できます。

【補　足】
代表者が同族会社の個人保証をするケースがありますが、代表者が死亡した場合に「法人に後継者がいない、今後業績があがることも予想できない」といった事情や予測、単に債務超過で借入金の弁済が遅れがちであるという状況だけでは、保証債務の控除は認められません。相続開始後に負担と回収不能が予想できるのであれば、相続開始までに、債務引受又は債務弁済と求償権放棄又は法人の解散などの準備を進めておきましょう。ただし、債務の引受けや免除等は免除等を受けた側で法人税又は贈与税が課せられる場合がありますのでその点を検討してください。将来のマイナスの財産について、相続税を納めなければならない事態は避けたいものです。

担保に供されている財産

Q13 複数の抵当権が設定されているため、売却が困難な担保物である不動産でも課税されますか。課税される場合、評価減してもらえますか。譲渡担保の場合はどうでしょうか。

A 被相続人が物上保証(他人の債務の担保として自己の財産を供すること)していた担保物としての不動産も課税財産となり、その不動産に設定されている抵当権等は一切考慮せず通常通り評価します。不動産に限らず、質権や抵当権等が設定されている財産は、それらの権利はないものとして評価します。

譲渡担保の場合は、財産の所有権は債権者に移転していますが、その所有権の移転はないものとして、債務者の財産として扱います。債権者の財産は、その譲渡担保に係る貸付金債権等になります。

その抵当権等又は譲渡担保の設定に係る被相続人の債務は、債務控除(Q11参照)の対象になります。負の財産のほうが多いようであれば、相続放棄(Q44参照)又は限定承認(Q42参照)を検討してみてください。

宅地評価に影響する事項

▶ 間口狭小宅地、奥行長大宅地、不整形地、前面道路幅狭小宅地(セットバックを要する宅地)、都市計画道路予定地、道路に接していない宅地、地上権又は賃借権あるいは区分地上権が設定されている宅地、一定の要件を満たす広大な宅地など
▶ 抵当権などの設定は評価に影響しない

Explanation

相続税の財産評価通達で、宅地の評価は、所在地によって倍率方式又は路線価方式いずれかで評価することとなっており、遺産である不動産に抵当権などの権利が付着していても、その評価に何ら影響を及ぼしません。また、

抵当権等を設定した側の債権者にとって、質権や抵当権などの従たる権利は、独立した財産とはなりません。

　債務を負担する目的で担保物の所有権を債権者に移転し、債務の弁済により元の所有者に所有権が返還される制度である譲渡担保において、被相続人の不動産の所有権が債権者に移転している場合、その移転は形式的なものであるため、その不動産は被相続人（譲渡担保設定者）の財産として通常評価で相続税の課税価格に算入し、その設定原因となった借入金等は債務控除の対象にします。

　譲渡担保は弁済期までに借入金を弁済して受戻権を行使することにより所有権を回復することができますが、弁済期経過後に、債権者等によって競売手続を経て差押登記がなされた後は、たとえ債務の全額を弁済しても所有権回復を主張できないため、相続開始時に差押登記がなされていれば、その不動産は被相続人の課税財産とはならず、借入金も債務とはなりません。また、担保不動産の競売による収入が債務を超えるため、債権者から返済される金額がある場合には、その金額は未収入金として相続税課税されます。

【補　足】
　譲渡担保において、不動産の所有権が債権者に移転しても譲渡担保設定者である債務者が使用収益を継続することができます。不動産について抵当権が設定されている場合も同じです。したがって、その不動産が相続開始の直前において、被相続人又は同一生計親族の居住用又は事業用として利用されている宅地であるならば、一定要件を満たせば、小規模宅地等の課税価格の特例（Q30参照）を適用することができます。
　譲渡担保は、債権者に債務者所有の財産の所有権を移転させ、弁済期までに債務の弁済がなければ、債権者は、その財産を任意に売却して、売却代金を元利金の弁済に充て、残余があれば債務者に返還する「清算型」と、特約により弁済に代えて債権者がその財産の所有権を完全に取得する「流質型」があります。

45

回収困難な貸付金債権

Q14 再三督促してきたにもかかわらず弁済してもらえない友人への貸付金、債務超過の同族会社への貸付など、回収困難な貸付金は課税財産にしなくてもいいでしょうか。

A 相続開始の時にその回収が不可能又は著しく困難であると見込まれるときは、貸付金債権を課税財産から除外することができますが、そのためには回収が不可能又は著しく困難である客観的な状況又は事実を明らかにしなければなりません。その場合においても、質権及び抵当権で担保されている部分の金額は課税されます。

課税財産にしなくても認められる場合

▶相続開始時における債務者の資力状況、事業継続の有無、所得状況など総合的に判断して、弁済不可能又は著しく困難であることが明らかな場合
▶会社の倒産、破産宣告、債権者集会等により切り捨てられることとなった場合等のその切捨額
いずれも相続開始後に生じた事情は考慮されない。

Explanation

貸付金債権等の回収が不可能又は著しく困難である状況が、相続開始の時点で生じていなければ、課税財産です。被相続人が何度も督促していたにもかかわらず弁済がなかったことのみをとって、課税財産から除外することはできません。財産評価通達205では、貸付金債権の金額の全部又は一部が、課税時期において、債務者について手形交換所の取引停止処分、破産宣告（現行の破産法における破産手続開始の決定）、業績不振等の事業廃止又は6か月以上の休業などの事由に該当するとき、その他その回収が不可能又は著しく困難であると見込まれるときにおいては、それらの金額は元本の価額に算入しないとして、相続税課税をしない旨を規定しています。

国税不服審判所裁決で、貸付金の財産性について納税者の主張が認められ、評価額は零円とされたケースの場合は、「不動産や預金の保有状況からすると、著しい債務超過の状態にあり、当該借入金を返済するための資金を調達することは極めて困難であったと認められることなどに加え、当審判所における調査によっても、具体的資力、返済能力を認めるに足りる証拠は見出せない。」との判断によるものでした。債務者の内情をきちんと把握したうえで判断してください。

　また、法人に対する貸付金について、被相続人の死亡後相続税の申告期限までに、不動産の含み損があるため実質は債務超過である法人を解散させて、法人所有資産の譲渡により回収できた金額のみを課税財産として申告したケースで、納税者の主張が認められず、相続開始時の貸付金の額面金額を課税財産とした判決もあります。相続開始時に破産や民事再生など財産評価通達205の要件を満たしていなければ課税財産となります。

【補　足】
　財産評価通達205には該当しないものの、貸付金が将来において回収困難であろうと予測できるのであれば、生前に債権放棄（借り手にとっては債務免除）を検討してください。ただし、免除を受けた法人又は個人に法人税又は贈与税が課せられます。法人決算が赤字又は多額の欠損金がある時期を利用してください。なお、債権放棄が法人に対して遺言でなされた場合には、その貸付金は相続財産ではなくなるため、納付すべき相続税が減少することになります[注]。しかし、遺言による個人に対する債権放棄は、その債務者である個人が資力を喪失していて債務の弁済が困難なため、その弁済困難な部分について債務免除を受けたものでない限り、貸付金相当額が「債務免除益」というみなし遺贈財産として債務免除を受けた者の課税財産となるため、課税価格は変わらず相続税も減少しません。

(注)その法人が、一般社団法人又は一般財団法人あるいは学校法人などの持分の定めのない法人で、その遺贈が被相続人の親族等の相続税の負担を不当に減少させると認められる場合は、その法人は個人とみなして相続税が課税されるので相続税額の軽減にはなりません。

課税される生前贈与財産

Q15 相続税が課税される生前贈与財産にはどのようなものがありますか。また、注意すべき点を教えてください。

A

次の贈与財産は相続税課税されます。なお、贈与税の非課税財産は相続税の課税もありません。

1. 暦年課税贈与の場合
   相続又は遺贈により財産を取得した者が、その被相続人から相続開始前3年以内に贈与により取得した贈与税課税される財産
2. 相続時精算課税贈与の場合
   被相続人から相続時精算課税贈与により取得した贈与税課税される財産
3. 贈与税の納税猶予を受けた場合
   被相続人から贈与により取得した贈与税の納税猶予の適用を受けている非上場株式、農地等

生前贈与財産についての留意事項

▶上記1.の場合
　無申告、基礎控除以下の贈与財産も贈与時の価額で課税対象となる
▶上記2.の場合
　何年前かを問わず、無申告財産もすべて贈与時の価額で相続税課税される
▶上記3.の場合
　非上場株式は贈与時の価額で、農地は死亡時の価額で課税され、要件を満たせば、相続税の納税猶予を適用できる

Explanation

■課税及び贈与税額控除

相続時精算課税贈与は、贈与者が死亡したときの相続税課税を前提としているため、何年前の贈与であっても、贈与者より先に受贈者が死亡していた場合でも、その贈与財産は贈与者の死亡による相続で課税財産となります。

暦年課税贈与の場合は、贈与を受けた者が、その贈与者である被相続人から遺産を取得する場合に限り、相続開始前3年以内に取得した財産のみが相続税課税（生前贈与加算）されます。相続税の計算において、相続時精算課税贈与で納付した贈与税は、贈与者の相続に係る相続税額から控除し、控除しきれない金額は還付を受けることができますが、暦年課税贈与の場合は、控除不足額は切捨てとなり還付を受けることはできません。

■債務控除

債務は、相続時精算課税適用財産の価額から控除することができますが、暦年課税贈与財産の価額からは控除できません。

■物納

相続時精算課税適用財産は物納できませんが、暦年課税贈与財産は、物納することができます。

■相続税課税された贈与財産を譲渡した場合

申告期限から3年以内に譲渡した場合の譲渡所得の計算における取得費加算は、いずれの贈与財産の譲渡においても適用できます。

■納税猶予の取扱い

非上場株式又は農地等の贈与に係る贈与税の納税猶予を受けていた税額は、贈与者である被相続人の死亡により免除され、その非上場株式又は農地等は、被相続人から取得するみなし相続遺贈財産として相続税課税されることになります。

【補　足】

相続開始年に贈与を受けた場合は、特定贈与財産を除き、贈与税の申告は不要で、相続税の課税のみとなります。相続時精算課税贈与による贈与財産の評価が、過去の贈与税の申告において誤っていたことが判明した場合には、贈与税の修正をしますが、更正期間を過ぎていた場合で贈与税の修正ができない場合でも、正しい評価額に是正して相続税の計算をします。その場合、贈与税額控除が受けられるのは、納付した贈与税額に限られます。

財産の帰属等に争いがある場合

Q16 被相続人が争っていた土地の時効取得及び損害賠償金の額について決着がついていません。相続税の申告は見積金額によることになるのでしょうか。

A 申告期限までに確定していない事項は、その争いがないものとして相続税の計算及び申告をすることになっています。相続税の計算においては、将来予測や見積計算は排除されています。相続開始の時点で確定している金額を課税財産又は債務控除の対象としてください。申告後に決着がつき、債権債務又は財産の帰属が確定したときに、相続税の修正申告又は更正の請求をすることにより、相続税額の是正ができます。

争いがある場合の相続税の申告

▶ 争いがないものとして期限内申告書を提出する
▶ お互い認識している部分（争いがない部分）は申告に反映させる
▶ 認知の訴えで相続人の順位が変わる恐れがある場合でも、その訴えはないものとして申告する

Explanation

　時効取得は、所有の意思をもって占有した者が自主占有を10年（善意・無過失の場合）又は20年（悪意・有過失の場合）間継続することにより完成し、占有者が時効を援用（時効の利益を受けることを相手に伝えること）することによって、所有権を取得することができます。その時効取得の効力は、占有開始日に遡ります。したがって、被相続人の所有地について時効が完成しているのであれば、その部分は当然、被相続人の財産ではなかったことになります。しかし、税務的には、時効が援用されたときに所有権を取得したものとされ、時効について争いがあっても、相続税の申告において占有されてきた所有権の一部を相続税の課税から除外することはできません。和解又は裁判で時効取得が確定し相手方の所有が確実となったときに、相続税

額の還付を受けるために更正の請求をすることができます。なお、相続開始時に時効が完成していない場合は、その後、時効取得により所有権が他の者に移転しても更正の請求はできません。また、被相続人が他人の土地を占有していた場合において、土地の時効が完成しており、その土地を取得した相続人が時効の援用により所有権を取得した場合には、相続人による援用であるため、その土地を被相続人の相続財産として申告する必要はありません。時効の完成日と時効の援用をした者によって、財産の帰属を考えます。

　貸付金額についての訴訟で、被相続人は5000万円の貸付金の存在を主張、相手方は2000万円の返済は済んでいると主張して争っていた場合、争いがなければ被相続人は5000万円の貸付金を認識していたわけですから、申告期限までに決着がつかなければ、相続税の課税財産である貸付金は5000万円です。

　損害賠償金については、その支払いが相続開始時点で確実な金額について、支払う側は債務控除をし、受け取る側は財産に計上します。その後の争いでの増減額を見積計上することはできません。結着がつけば是正手続きをとることができます。

　また、遺言無効の訴えがある場合又は遺留分減殺請求による弁済額が確定していない場合には、その争いや請求がないものとして申告します。

【補　足】
　財産の帰属等についての決着がつき、当初納めた税額が過大となった場合には<u>更正の請求</u>、不足が生じた場合には<u>修正申告</u>ができます。
　更正の請求ができる期間は、計算誤りなどによる一般的な場合には申告期限から5年以内（平成23年12月2日より前に申告期限が到来したものは1年以内）に限られていますが、判決（判決と同一の効力を有する和解その他の行為を含む）により財産の帰属等が確定した場合は、5年を経過していてもその確定日の翌日から2か月以内であれば更正の請求ができます。
　修正申告の場合は、税務署から指摘を受ける前に申告書を提出すれば<u>過少申告加算税</u>は課せられませんが、相続税法の<u>特則規定</u>に基づく修正申告ではないため<u>延滞税</u>はかかります。

国外財産

Q17 相続人に日本国籍がなく、日本に居住していない場合は、国外財産は課税されないのでしょうか。

A 相続開始の時に相続遺贈財産を取得した者の住所が国外にあるときには、国内財産のみが課税され、国外財産は課税されないという時期もありましたが、現在は、被相続人の住所も国外になければ、財産の所在を問わず、取得した財産すべてが課税財産となります。相続又は遺贈により財産を取得した者が制限納税義務者に該当すれば、国外に所在する財産については相続税の課税はありません。

国外財産が課税されない者

▶相続開始時に日本国内に住所を有しない者で、下記いずれにも該当しない者（制限納税義務者）
　イ　日本国籍があり、その者又は被相続人が相続開始前5年以内のいずれかの時において日本国内に住所を有していたことがある者
　ロ　日本国籍がなく、被相続人が死亡の時において日本国内に住所を有していた者

Explanation

過去の相続又は贈与において、財産を国外に移転し、相続人を国外居住させることにより相続税又は贈与税の回避を図る手法が横行したため、数度にわたって税制改正が行われてきたのですが、平成25年3月以前は、国外居住で日本国籍がなければ国外財産は課税されないという制度になっていました。そこで国外で出生した孫に外国籍を取得させ、国外財産を遺贈するといった手法がしばしば相続対策として利用されるようになりました。そこで、現在では、国外居住者について国外財産が課税されない制限納税義務者に該当するためには、日本国籍を有する者の場合には過去5年以内にその者又は被相続人が日本に住所を有したことがないこと、日本国籍を有しない者の場合

には被相続人が国外に居住していたことが要件になっています。

【補足】
　相続税法において納税義務者は、4つに区分されます。①相続開始時に日本に住所を有する者（「居住無制限納税義務者」という）、②日本に住所を有しないが前ページイ又はロのいずれかに該当する者（「非居住無制限納税義務者」という）、そして、前述の③「制限納税義務者」、④相続又は遺贈で財産を取得していないが、相続時精算課税贈与を受けたため相続税課税される者（「特定納税義務者」という）です。居住無制限納税義務者は、国内外の財産すべてが課税されますが、相続人又は包括受遺者であれば債務及び葬式費用の控除ができます。また、未成年控除、障害者控除、外国税額控除の適用も認められています。非居住無制限納税義務者は、障害者控除の適用がない以外は居住無制限納税義務者と同じ扱いです。制限納税義務者は、国内財産のみ課税され、控除できる債務は限定列挙、葬式費用は控除できません。また、未成年者控除、障害者控除、外国税額控除のいずれも適用がありません。なお、特定納税義務者の債務控除及び障害者控除は、相続開始時の住所で適用を判断します。

■ 納税義務者の区分判定

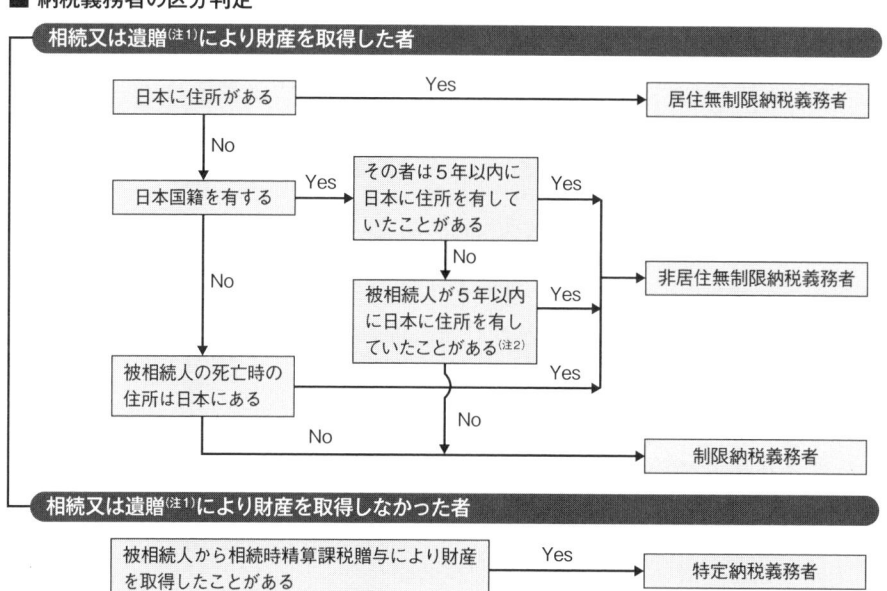

【相続又は遺贈(注1)により財産を取得した者】

- 日本に住所がある → Yes → 居住無制限納税義務者
- 日本に住所がある → No → 日本国籍を有する
  - Yes → その者は5年以内に日本に住所を有していたことがある
    - Yes → 非居住無制限納税義務者
    - No → 被相続人が5年以内に日本に住所を有していたことがある(注2)
      - Yes → 非居住無制限納税義務者
      - No → 制限納税義務者
  - No → 被相続人の死亡時の住所は日本にある
    - Yes → 非居住無制限納税義務者
    - No → 制限納税義務者

【相続又は遺贈(注1)により財産を取得しなかった者】

- 被相続人から相続時精算課税贈与により財産を取得したことがある → Yes → 特定納税義務者

(注1) 遺贈には死因贈与を含み、財産の取得はみなし財産の取得を含む。
(注2) 被相続人が国外転出課税制度における納税猶予の期限の延長を受けている場合などは、5年以内に日本に住所を有していたものとみなされる。

財産の評価時期（死亡の日が不明）

Q18 兄はひとり暮らしで亡くなったため、死亡の日が特定できません。相続財産の評価にあたって死亡日をいつにすればいいでしょうか。

A 死亡日が特定できないのでしたら、課税上弊害がない限り、死亡推定期間中の相続税の申告に有利に働く日、財産の評価額が最も低くなる日を選択して差し支えありません。「任意の日」を、相続税の納税義務者が選択し、それに基づき申告をすることができます。相続税の申告書は、相続の開始があったことを知った日（遺体を発見した日又は、その遺体が被相続人と判明した日）の翌日から10か月以内に提出しなければなりません。

財産評価の基準日【課税時期】

▶ 相続開始の日は、死亡推定期間中の任意の日を選択する
▶ 相続税の申告は、死亡を知った日の翌日から10か月を経過する日が期限となる

Explanation

「相続開始の日（死亡日）」は、財産の評価に大きく影響します。近年、高齢者のひとり暮らしも増えており、自宅で倒れたまま死亡して発見が遅れる場合があります。また、自殺などで死亡日が特定できない場合もあります。このような場合、戸籍には死亡日が「×月×日から×月×日頃」「×月頃」などと記載されます。相続税の課税価格は、「課税時期」つまり「相続開始の日」の価額で計算します。死亡日がいつかで財産によっては評価額が大きく変わってしまう場合があります。土地・建物の場合は、相続開始年の路線価や固定資産税評価を使用しますから、その月のいつを死亡日にしても評価に影響はありません。しかし、死亡年度が異なれば土地の価額が安定している昨今でもやはり評価額に影響を及ぼしますし、税制改正年度に当たればな

課税財産

おさらです。上場株式についても、課税時期の最終価格、その月の月平均、前月の月平均、前々月の月平均の株価のいずれか低い額を選択することになりますが、株価が大幅に下落している日もありますし、同族株式の価額を評価する際にも前年平均株価や直前期末の純資産価額を使用するため、死亡日によって前年が変わってくる場合や直前期末が異なることにより、死亡日の選択が評価額に大きく影響する場合が想定されます。また、金銀プラチナなどは、上場株式のように月平均を選択できるような評価通達がないため、死亡日をいつにするかで相続税額にかなりの変動が生じます。推定される死亡日時に幅がある時、相続税法には死亡日を特定する規定がありません。民法解釈では、死亡推定期間の末日によるものと考えられますが、その日に死亡した可能性を否定できない限り、死亡推定期間のうちいつの日を死亡日に選んでも認められます。

【補　足】
　死亡日であると推定した日に死亡を知ったのではありませんから、相続税の申告期限及び納付は、死亡日の翌日から10か月ではなく、「死亡を知った日」の翌日から10か月以内であればよいので、相続税の申告書には、「相続の開始を知った日」についての事情説明書を添付してください。

■ 死亡日の選択と評価時期

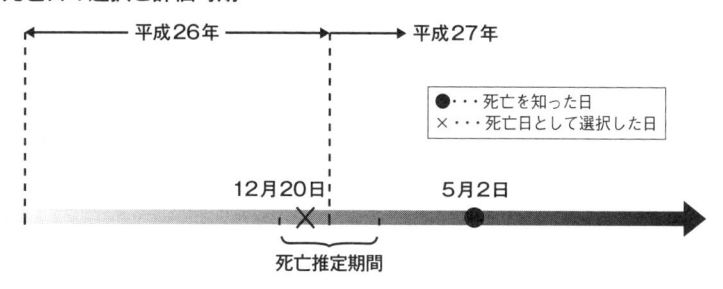

```
←――― 平成26年 ―――→ 平成27年

                                ●・・・死亡を知った日
                                ×・・・死亡日として選択した日

              12月20日    5月2日
                  ×          ●
               死亡推定期間
```

※相続税の申告期限　平成28年3月2日
※相続税の計算　　　改正前の相続税法、26年12月20日の評価額

非課税財産（贈与税）

Q19 死亡直前に孫6人に1500万円ずつ教育資金の一括贈与をした場合、その合計9000万円は相続税課税から除外することができるのでしょうか。

A 贈与税の非課税財産は、たとえその贈与が相続開始前3年以内の贈与であっても相続税が課税されることはありません。教育資金の一括贈与は、一定の手続きにより、金融機関等の営業所等を経由して教育資金非課税申告書を提出することにより贈与税が非課税となる制度なので、それらの手続きを早めに済ませておいてください。

相続税課税されない贈与税の非課税財産

- ▶扶養義務者相互間における生活費又は教育費の贈与
  （受贈者の預金等として預けられた部分を除く）
- ▶一定の方法により贈与された教育資金（1500万円まで）
- ▶直系尊属から贈与を受けた住宅取得資金
- ▶特定障害者扶養信託契約に基づく信託受益権（3000万円又は6000万円まで）
- ▶一定の方法により贈与された結婚・子育て資金

Explanation

生活費や教育費については、これまでも扶養義務者である父母や祖父母などからその都度贈与を受ける場合には、贈与税は非課税でした。現在もこの必要な都度の贈与は非課税ですが、平成25年4月から、教育資金については一括贈与の制度が創設されています。これは30歳未満の子や孫が直系尊属から受ける贈与で、①信託受益権を付与される、②金銭の贈与を受けて銀行等に預金する、③贈与を受けた金銭等で有価証券を購入する、といういずれかの方法で非課税の適用を受けます。契約により教育資金口座の開設等を行い、信託や預入などをする日までに、その金融機関等の営業所等を経由して教育資金非課税申告書を提出しなければなりません。教育資金非課税申告

書は、金融機関等の営業所等が受理した日に税務署長に提出されたものとみなされます。その後、受贈者が30歳に達するなどにより、教育資金口座に係る契約が終了した場合には、たとえ贈与者が既に死亡していたとしても、その終了年度に贈与があったものとして、教育資金支出額を引き出した後の残額については、贈与税が課せられます。その際には当然、直系尊属から贈与を受けた場合の贈与税率を適用することになります（Q31参照）。教育資金の引出しは、金融機関に領収書等を提出しなければなりません。学校等以外に支払う金銭については、500万円が限度となっています。

　このように、贈与税の非課税財産の贈与により相続税課税が回避できるのですが、平成27年4月からは、結婚・子育て資金の一括贈与の非課税制度があります。親や祖父母が20歳以上50歳未満の子や孫に結婚・子育て資金を贈与した場合に1000万円まで非課税となる制度です。制度のしくみは、教育資金の一括贈与とほぼ同じです。結婚資金については300万円が限度となっており、受贈者が死亡した場合を除き、受贈者が50歳に達した時の残額は、贈与税課税されます。なお、信託等の管理契約の期間中に贈与者が死亡した場合には、結婚・子育て資金支出額を控除した残額は、教育資金の贈与の場合と異なり、受贈者がその贈与者から相続又は遺贈により取得したものとみなして相続税課税されます。この場合、その残額については、孫が課税される場合でも相続税額の2割加算はされないこととなっています。

　直系尊属から住宅取得資金の贈与税の非課税制度の適用を受けた場合の非課税限度額は、平成27年中の贈与の場合には、省エネ又は耐震等の一定基準を満たした住宅の場合は1500万円、一般住宅の場合は1000万円となっています。この金額は、毎年縮減されていきますが、住宅購入の際の消費税が10％の場合は、非課税枠が拡大されます。

　特定障害者扶養信託契約による障害がある者への特定信託贈与は、障害の程度によって、3000万円又は6000万円までが非課税となります。金銭に限らず、有価証券や一定の不動産の信託も可能です。相続はいつ開始するか予測がつきません。もし、親族に障害者の方がいらっしゃるならば、早いうち

に贈与を検討してください。

【補　足】
　住宅取得資金の贈与の非課税は、原則として、贈与年の翌年3月15日までに居住していることが要件とされており、同日までに居住ができなかった場合においても、少なくとも引渡しを受けていなければなりません。マンションの完成が遅れるなどで、同日までに引渡しが完了していないときは、非課税は適用されません。贈与を慌てて、その時期を誤り、非課税適用が受けられなくなる事態は避けてください。また、期限内申告書の提出が要件とされていますので、申告を失念しないでください。
　平成28年から、いわゆるジュニアNISAといわれる未成年者口座内の少額上場株式等に係る配当所得及び譲渡所得の非課税措置が創設されます。0歳から19歳までの者が、上場株式等について毎年80万円を上限に非課税の適用があるのですが、この制度は、あくまでも所得税の非課税で、その資金を親や祖父母が贈与した場合には、当然、贈与税の課税対象になります。
　種々の贈与税の非課税制度を利用することで高額な財産の移転が可能ですが、贈与を受けた財産を目的外に使用すると課税されること、子や孫に公平に贈与しなかったことが後の相続での争いにつながること、老後に生活資金以外に思わぬ出費があるかもしれないこと等を念頭に入れたうえで、実行してください。

課税財産

■ 教育資金の一括贈与

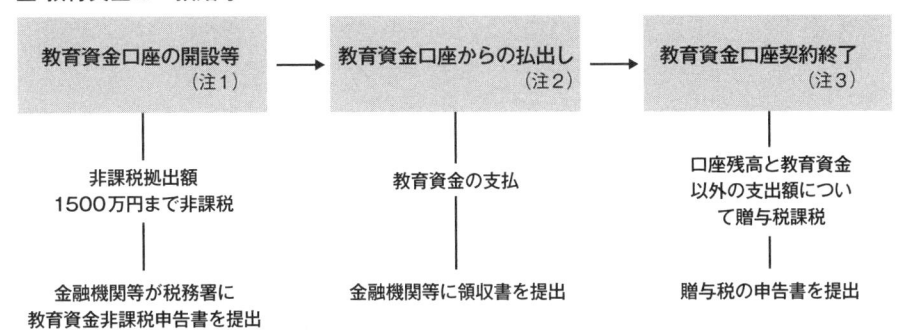

```
┌─────────────────┐   ┌─────────────────┐   ┌─────────────────┐
│ 教育資金口座の開設等 │ → │ 教育資金口座からの払出し │ → │ 教育資金口座契約終了 │
│      (注1)      │   │      (注2)      │   │      (注3)      │
└─────────────────┘   └─────────────────┘   └─────────────────┘
         │                     │                     │
  非課税拠出額              教育資金の支払       口座残高と教育資金
  1500万円まで非課税                           以外の支出額につい
                                             て贈与税課税
         │                     │                     │
 金融機関等が税務署に      金融機関等に領収書を提出   贈与税の申告書を提出
 教育資金非課税申告書を提出
```

(注1) 30歳未満の個人が、金融機関等との契約に基づき祖父母などから、①信託受益権を付与された場合、②書面による贈与により取得した金銭を銀行等に預入をした場合、③書面による贈与により取得した金銭で有価証券を購入した場合をいう。
(注2) 教育資金として払い出された金額で学校等以外に支払われるものは、非課税金額は500万円が限度。
(注3) 契約が終了するのは、①受贈者が30歳に達したこと、②受贈者が死亡したこと、③口座残高がゼロになり、契約終了の合意があったことの事由に該当した場合であり、②の事由による場合は贈与税の課税はない。

■ 住宅取得資金の贈与

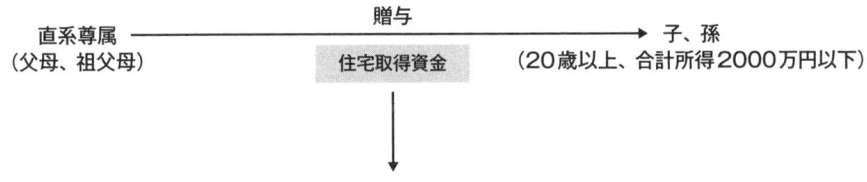

```
                    贈与
  直系尊属  ─────────────────→  子、孫
 (父母、祖父母)   ┌──────────┐   (20歳以上、合計所得2000万円以下)
                │ 住宅取得資金 │
                └──────────┘
                     │
                     ▼
          ①居住用家屋及びその敷地の購入資金
          ②居住用家屋の増改築の費用
          ③居住用家屋の新築等に先行して取得する敷地の購入代金
```

(注) 居住用家屋は床面積50㎡以上、240㎡以下、2分の1以上が居住用であること。

負担付遺贈

Q20 長男には借入金の弁済を条件として不動産を取得させる旨の遺言をしようと思っています。その場合、相続税の課税はどうなるのでしょうか。

A 何らかの負担を条件に財産を遺贈することを負担付遺贈といいます。負担付遺贈の場合、その遺贈財産の相続税評価額から借入金の額を控除した金額で相続税課税されます。小規模宅地等（Q30参照）の適用がある宅地等を負担付遺贈の目的とすると不利になることがあります。また、負担が被相続人以外の第三者の借入金の弁済であれば、負担額はみなし遺贈財産となり、その負担による利益を受けた第三者も相続税課税されます（Q51参照）。なお、遺言執行者は、万一負担が履行されない場合を考慮して、負担付遺贈を受けない者にしておきましょう。

負担による利益の帰属

▶被相続人に利益をもたらす負担の場合は、負担額を控除した金額について受遺者は相続税課税される
▶第三者に利益をもたらす負担の場合は、受遺者に加えて、第三者も負担による利益について課税される

Explanation

　負担付遺贈では、与える財産とその負担はセットです。受遺者は負担を負いたくなければ遺贈を放棄するしかなく、プラスの財産だけの取得はできません。したがって、相続税の申告も遺贈の目的となった財産の価額から負担額を直接控除します。くれぐれも負担額を債務控除の対象にしないでください。当然、控除する負担額は遺贈の時点で確実と認められる金額に限られますので、扶養義務のような金銭に見積もることが困難な負担は控除できません。負担が特定の者への毎月の生活費などのように分割で支払われる場合は、定期金に関する権利の評価で計算した金額を負担額として控除することにな

ります。負担が受遺者所有の不動産を引き渡すといった内容の場合には、この引渡しには、受遺者について所得税の課税が生じます。

　受遺者が負担を負うことにより他の者になんらかの利益をもたらすことになる場合は、その負担の利益を受ける者がその利益を被相続人から遺贈により取得したものとみなされて相続税の課税を受けます。課税金額は、受遺者が負担した負担額に相当する金額です。そして、その者が一親等の血族又は配偶者以外の場合は相続税額の加算（2割加算）が必要です。

　また、金銭を支払うことを条件に被相続人の財産を譲渡するという遺言内容の場合は、負担付遺贈ではなくその財産の相続税評価額から対価の額をマイナスした金額がみなし財産である「低額譲受益」という相続税の課税財産になります。被相続人が受領する対価は未収入金として遺産分割の対象となりますが、遺言で取得者が明記されている場合はそれに従います。なお、所得税では時価の2分の1未満の対価による譲渡が低額譲渡に該当するのですが、相続税法ではそのような規定はないため、時価よりも低い対価での譲渡であれば低額譲渡に該当するものとされています。

【補　足】
　負担付遺贈は、債務を負担しても債務控除の適用がない者（相続人及び包括受遺者以外の者）への遺贈に利用すれば、結果的に債務控除と同様の効果が得られます。負担付遺贈の場合、受遺者は遺贈の目的の価額を超えない限度で負担した義務の履行責任を負いますが、負担が履行されない場合でもその遺贈が無効になるわけではありません。相続人又は遺言執行者が受遺者に対して履行請求の訴えを提起し確定判決を得るか、相当の期間を定めて履行を催促しその期間内に履行されない場合は、家庭裁判所に遺贈の取消しを請求することができます。
　なお、負担額は、遺贈の場合は負担付遺贈の目的となった財産の相続税評価額から控除しますが、負担付きで不動産を贈与した場合は、相続税評価額ではなく通常の取引価額から負担額をマイナスして贈与税を計算しなければなりません。

遺留分減殺請求を受けた場合の課税財産

Q21 兄から全財産の遺贈を受けたのですが、兄嫁から遺留分の減殺請求をされました。相続税の納税が大変なので、兄嫁の遺留分相当額を課税財産から控除して申告してもいいでしょうか。

A 遺留分減殺請求があった場合において、その請求に基づき返還すべき又は弁済すべき額が確定していない場合は、遺言内容に従って申告しなければなりません。確定しないうちに遺留分相当額を控除して申告することはできません。その後返還すべき又は弁済すべき額が確定したときに相続税法の特則規定に基づき、その確定を知った時から4月以内に更正の請求をして相続税の還付を受けることができます。なお、更正の請求により還付請求した相続税はすぐに振り込まれるわけではないので、価額弁済のために資金を残しておく必要がある場合は、延納の手続きをとることを検討してください。延納は、金銭で一時に納付することが困難な場合に認められるものですが、遺留分減殺請求により、価額弁済のための金銭が必要で、将来的に明らかに相続税額が減少するという状況のもとでは許可されるものと思われます。

兄嫁は、弁済を受ける額が確定した後に、相続税法特則規定に基づく期限後申告書を提出することができ、その申告につき無申告加算税は課せられず、その提出の時までに相続税額を納付すれば、延滞税はかかりません。

相続税の申告【遺留分減殺請求】

▶申告期限までに遺留分権利者への支払額等が確定していない場合は、遺留分減殺請求はないものとして申告する

Explanation

遺留分とは、相続人に留保されるべき相続についての権利の割合です。兄

弟姉妹とその代襲相続人以外の相続人に遺留分があります。遺留分の侵害があったときでも、権利者が遺留分の減殺請求を行使しなければ遺留分は取り戻せません。遺留分を侵害した贈与や遺贈は、法律上無効となるわけではなく、遺留分減殺請求により、その遺留分を侵害する限度で効力を失います。

　遺留分減殺請求権は形成権であり、請求があった時点で当然に遺留分がその請求をした遺留分権利者である相続人に帰属すると考えられています。しかし、実務的には遺留分侵害額についての算定、返還する財産又は弁済すべき額についての協議などがなされるため、遺留分減殺請求があったことだけで相続税の計算及び申告ができるわけではありません。そこで、相続税法でも、期限後申告、修正申告、更正の請求の事由として、「遺留分減殺請求があったこと」としていた個所が「遺留分減殺請求に基づき返還すべき、又は弁済すべき額が確定したこと」と改正されています。期限内申告書を提出する場合にも弁済額が確定するまでは、遺留分減殺請求がないものとして申告します。

　なお、弁済額確定後に弁済をした者からの更正の請求のみがなされた場合には、税務署長はその更正の請求の基因となった事実に基づき、他の者に更正又は決定をすることとなっています。実務的には、協議の際、当事者間で相続税も考慮した精算がなされ、更正の請求をしない場合も多いようです。

【補　足】
　遺言で贈与財産の持ち戻し免除等をしても、遺留分の計算では効力がありません。遺留分を有する相続人は、相続開始前に家庭裁判所の許可を得て、あらかじめ遺留分を放棄することができます。相続開始後の遺留分の放棄は何の手続きも要しません。また、事業承継円滑化のためにできた事業承継税制が阻害されることを回避するために、一定の要件を満たす非上場会社の後継者が遺留分権利者全員との合意及び所要の手続きを経ることで、生前贈与されたその株式について遺留分算定基礎財産から除外する、又は評価額をあらかじめ固定するといった民法特例が創設されています（Q50参照）。

遺留分減殺請求された相続時精算課税財産

Q22 相続税の申告直後に、相続時精算課税贈与により取得した財産について姉から遺留分の減殺請求を受け、和解で私が姉に3000万円支払うことで決着がつきました。この場合、課税財産から3000万円マイナスして贈与税及び相続税の計算をやり直すことができるのでしょうか。

A 贈与を受けた財産の贈与時の価額と弁償時の価額に乖離がある場合は、支払った弁償金3000万円を贈与時の価額ベースに置き換えた金額を、贈与税及び相続税の課税価格からマイナスして、贈与税及び相続税の計算をやり直します。

弁償額が確定した場合の是正手続き

▶贈与税の更正の請求（確定から4か月以内）
　贈与財産の価額から支払額(注)を控除して贈与税を計算
▶相続税の更正の請求（確定から4か月以内）
　贈与税の更正の請求における贈与財産の価額を使用
　（注）弁償時と時価に乖離がある場合には、支払額は贈与時の財産額に修正する。

Explanation

弁償をした者は、たとえば、贈与時の価額が1億円で、弁償時の価額が1.2億円の場合は、1億×3000万／1.2億＝2500万を支払金額として贈与税及び相続税の課税価格から控除できます（次ページ図参照）。なお、相続税の更正の請求において、贈与税額控除は更正後の贈与税を使用します。弁償額を受領した者は、相続税の課税価格が3000万円増加するため、相続税の修正申告書を提出することができます。提出しなければ、税務署長が価額弁償した者から提出された更正の請求に基づきその者に対して更正をすることになっています。

■贈与時の価額に圧縮する

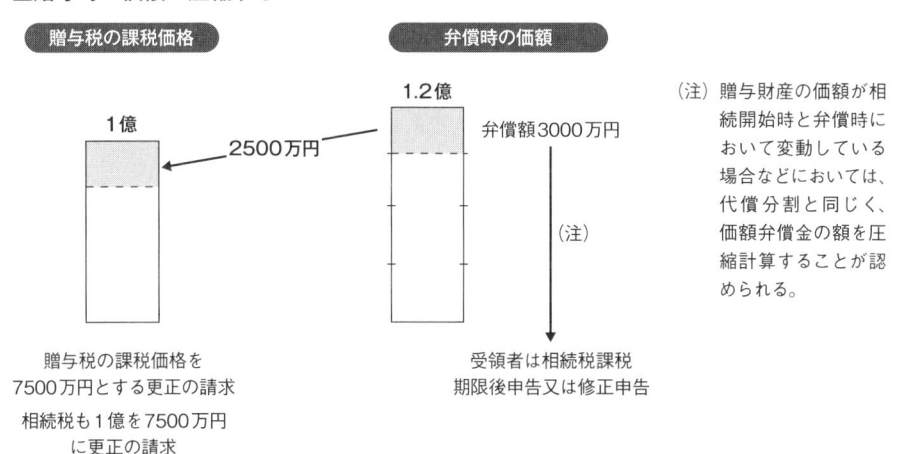

贈与税の課税価格

1億
↑
2500万円

贈与税の課税価格を
7500万円とする更正の請求

相続税も1億を7500万円
に更正の請求

弁償時の価額

1.2億
弁償額3000万円
(注)

受領者は相続税課税
期限後申告又は修正申告

（注）贈与財産の価額が相続開始時と弁償時において変動している場合などにおいては、代償分割と同じく、価額弁償金の額を圧縮計算することが認められる。

【補　足】
　通常の「暦年課税贈与」と呼ばれる贈与では、贈与税が多額になりすぎてできなかった高額な財産の贈与が、この相続時精算課税贈与では可能である反面、相続税の申告書で過去に贈与を受けた財産の価額が他の相続人に明らかになり、遺留分の減殺請求につながることが往々にしてあります。暦年課税贈与の場合は、相続税の課税価格に加算する贈与財産は、相続等で財産を取得した者が3年以内に贈与を受けた財産に限られるため、3年より前において行われた被相続人からの贈与が他の相続人に知られることが少なく、他の相続人が自己の遺留分の侵害に気づかないこともあるでしょう。遺留分の算定にあたって、民法第1044条で民法第903条の相続人に対する特別受益を遺留分で準用する旨を定めているので、相続人に対する贈与は何年前の贈与でも遺留分侵害額の計算に影響するものと考えられています。したがって、相続時精算課税贈与により取得した財産は特別受益として遺留分算定基礎財産額を構成します。
　平成27年からは、相続時精算課税贈与の要件である贈与者の年齢が65歳以上から60歳以上に引き下げられ、受贈者も20歳以上の推定相続人である子に限られていたところに孫を加える改正が行われており、この制度を利用した贈与がますます増えていくことが想定されますが、将来の相続で遺留分について争いのないようにしておきたいものです。

予期せぬ課税財産

Q23 父は遺言で同族会社への債権を放棄しました。その債権は相続税の課税から外れるが、「その他の利益の享受」という名目でその法人株主が相続税課税されると聞きましたが、どうしてですか。

A 法人は、借入金等の返済を免除（債務免除）してもらうことにより、資産から負債をマイナスした純資産が増加します。純資産の金額が増加すれば、1株当たりの株式の評価額が高くなります。その高くなった原因は被相続人が遺言で債権を放棄したことによるものなので、債権放棄の前後の評価額の差額がみなし遺贈財産となりその法人の株主の相続税の課税財産となるのです。しかし、その法人が債務超過状態で、債務の免除等によっても純資産がプラスに転じない場合は課税の心配はありません。

■ 取引相場のない株式の評価における純資産価額

法人の決算書（貸借対照表）

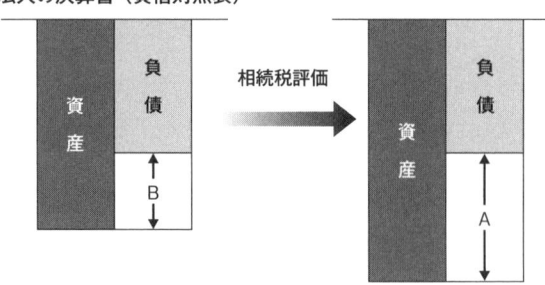

$$\frac{A-(A-B)\times 38\%^{(注)}}{発行済株式数} = 1株当たりの純資産価額$$

（注）平成26年4月1日から平成27年3月31日までに相続開始があった場合は40%

非上場株式の評価額を左右する要因

▶ 資産負債の増減は、会社の規模が小さい場合には大きく影響する
▶ 株主への配当金の支払い、課税所得、法人税法上の純資産価額はすべての会社の株式評価に影響する

課税財産

Explanation

　同族会社への債権放棄は、その法人についてはその債権放棄により受ける利益すなわち債務免除益が法人税課税されます。もちろん、法人に繰越欠損金がある又はその事業年度が赤字で債務免除益を収益に計上しても課税所得が生じない場合には、法人税の課税は免れます。なお、債権放棄をした被相続人に課税は生じません。

　法人の純資産の金額がプラスの場合には、債務免除を受けたことにより株式の相続税評価額が高くなります（Q48参照）。被相続人の相続財産である株式を取得した者は、その高くなった評価額で相続税が課税されます。そして、その法人の株主については、その所有している株式の価値が増加した実態をとらえ、従前の評価額と債務免除後の評価額との差額が「その他の利益の享受」として相続税課税されるのです。回収に相当の期間を要するに違いない貸付金が相続税の課税財産にならないようにと意図した遺言が思わぬ課税を生じさせてしまいます。なお、債務免除が生前になされた場合は、株主は贈与税の課税を受けることになります。

【補　足】
　民法でいうところの贈与は、「あげるよ」「もらいます」で成立するものですが、相続税法では、生命保険金（被相続人及び受取人以外の者が保険料を負担していたもの）、信託の受益、債務免除、低額譲渡などの取得又は行為があったことだけで贈与を認めるみなし財産の規定があり、これらに該当しなくとも、個人が他の個人から経済的（財産的）利益を受ける実態があれば、「その他の利益の享受」という財産名称で贈与税が課税されます。そして、それらの取得が被相続人の死亡を基因とする場合、又はその行為が遺言による場合は相続税課税となります。債務免除においては、個人への貸付金等の放棄が、その個人が資力を喪失して債務を弁済することが困難である場合には、その個人は課税されることはありません。しかし、単に世話になったということで、友人に遺言で弁済を免除したならば、その友人も相続税の納税義務者となり、相続人たちの相続税の課税価格を入手しないと相続税の計算ができず、赤の他人を相続税の申告に巻き込んでしまうことになるのです。

贈与税申告が不要な財産

Q24 昨年暮れに夫から贈与を受けました。今年1月に夫が死亡したため、3年以内の贈与となり相続税が課税されるので、贈与税の申告は必要ないのでしょうか。

A 贈与を受けた財産については、贈与税の申告をしなければなりません。贈与で取得した財産を相続税の課税のみで済ませることができるのは、死亡年に被相続人から取得した贈与財産に限られます。仮に相続税の申告をする時にまでに贈与税の申告を失念していた場合でも、贈与財産は相続税の課税価格に加算し、その贈与財産に課せられるべき贈与税額を相続税額から控除します。なお、相続開始年の贈与であっても特定贈与財産として相続税の課税を受けないためには、贈与税の申告が必要となります。

贈与税の課税財産

▶ 被相続人から相続又は遺贈により財産を取得した者が相続開始年度に贈与を受けた財産は相続税課税のみ
▶ 財産を取得しなかった者は、贈与財産すべて贈与税課税のみ

Explanation

　贈与を受けた者は、その年中に贈与を受けた課税財産の価額の合計額が110万円の基礎控除を超える場合には、翌年2月16日から3月15日の期間内に贈与税の申告をしなければなりません。しかし、贈与を受けた年に贈与者が死亡した場合には、相続税の申告期限が先に到来することもあります。また、被相続人以外の他の者から贈与を受けることもあるため、その年度が終了しない限り贈与税額が確定しません。そこで、相続又は遺贈により財産を取得した者に限り、相続開始年に被相続人から取得した贈与財産については、贈与税は非課税とし、相続税のみ課税することとしています。しかし、相続開始年度より前に贈与を受けた場合は、これらの事由に該当しないため、

当然、贈与を受けた課税財産は贈与税の申告が義務付けられているのです。贈与税の申告を失念していた場合でも、相続税は贈与税の申告をしたものとして贈与財産は課税価格に加算し、贈与税額控除も計算します。この場合、遅滞なく贈与税の申告を済ませてください。もちろん後日、無申告加算税と延滞税が課せられます。

生命保険金等のみなし財産のみを取得した者も、被相続人から相続開始前3年以内に取得した暦年課税贈与財産は相続税の課税価格に加算されるため、相続開始年分に取得したその贈与財産は、やはり贈与税は非課税で相続税課税のみとなります。贈与税の配偶者控除は、贈与税の申告書を提出することが要件とされているため、その贈与が相続開始年度になされた場合でも贈与税の申告書を提出することによって、配偶者控除相当額は特定贈与財産として相続税の課税価格に加算する必要はありません。

なお、子や孫が相続開始年に取得した相続時精算課税による贈与財産は、贈与税が非課税という規定はありませんが、贈与税の申告書の提出は不要とされているため、結果的に相続税の申告だけで課税が完結します。

【補　足】
　贈与を受けた翌年にその贈与者が死亡した場合において、贈与を受けた者が相続人ではないときは、遺産の取得を想定していないため、贈与税の期限内申告を済ませているでしょう。しかし、その贈与税の申告後に、その者に対しての遺言書が発見され、遺贈財産を取得することとなる場合や、先順位の相続人が相続を放棄したため、その者が相続人となり遺産を取得することとなる場合もあります。その場合には、贈与財産は生前贈与加算されるため贈与税は非課税です。被相続人から取得した贈与財産を贈与税の課税から外して、贈与税の還付を受けるために、その事由が生じたことを知った日の翌日から4月以内に相続税法の特則規定に基づく贈与税の更正の請求をすることができます。この場合、遺贈を受けた者は相続人ではないため、遺贈を知った日の翌日から10か月を経過する日が、相続税の期限内申告書の提出期限となります。そして、他の者の相続放棄により遺産を取得することになった者は、相続税の特則規定による期限後申告をすることができます。

相続財産を寄付した場合の相続税の非課税

Q25 相続財産を一定の法人に寄付した場合にその財産は非課税になるそうですが、生命保険金の寄付も非課税の適用がありますか。また、相続税法の非課税と併用できますか。

A 租税特別措置法第70条に規定されている非課税の適用を受けるための寄付の相手先は、国、地方公共団体、特定の公益法人、認定特定非営利活動法人です。また、特定公益信託で一定のものに相続財産である金銭を支出（寄付）した場合も、その金銭は相続税の非課税です。相続又は遺贈で取得した財産のみならず、みなし相続遺贈財産である生命保険金又は退職手当金を寄付した場合にも適用があります。生命保険金や退職手当金を寄付した場合は、まず寄付した金額を取得保険金等から控除して、その控除後の金額で、相続人に適用がある相続税法の非課税金額の計算をします。寄付による非課税は、相続税の申告期限までに寄付を済ませ、期限内申告書（一定事由により取得した財産については修正申告書）に必要書類を添付して提出しなければならず、期限を過ぎて提出した場合には適用がありません。

非課税の適用がない場合

▶ 期限内の申告ではなかった
▶ 寄付をした者又はその親族などの相続税又は贈与税の負担が不当に減少する
▶ 相続財産を譲渡して金銭を寄付した
▶ 寄付財産が公益事業の用に供されていない

Explanation

特定の公益法人とは、教育又は科学の振興、文化の向上、社会福祉への貢献、その他公益の増進に著しく寄与する法人で、独立行政法人、社会福祉法人、学校法人、公益財団法人、公益社団法人などに限定されており、寄付の時点

で既に設立されているものでなければなりません。そして、寄付を受けた日から2年を経過した日までに特定の公益法人又は特定の公益信託に該当しなくなった場合や、贈与による取得財産をその公益を目的とする事業の用に供した日以後、贈与日から2年を経過した日まで引き続き公益事業の用に供していない場合は、非課税ではなくなります。この場合、寄付をした者は修正申告書を、他の者は期限後申告書又は修正申告書を、いずれもその2年を経過した日の翌日から4月以内に提出しなければなりません。期限内に提出すれば附帯税はかかりません。

　なお、相続開始前3年以内の贈与財産で、相続税の課税価格に加算されるもの並びに相続時精算課税適用財産を寄付しても非課税の適用はありません。相続又は遺贈により取得した財産そのものの寄付でなければならず、譲渡代金（収用交換等に伴い取得した代金を除く）及び証券投資信託等の受益証券の解約により取得した金銭を贈与しても非課税の適用はありません。相手法人の担当者が、寄付の申し出に対して、その資産を譲渡して現金で贈与してほしいと希望することがありますが、その要望に応じると非課税が受けられなくなるので注意してください。ただし、相続した建物等が火災で焼失し、被相続人が締結していた契約に基づき支払われた火災保険金、収用交換等により取得した代金、証券投資信託等の期間満了により取得した金銭など、寄付をした者の恣意性が働かない場合は、その金銭の寄付も非課税の適用が受けられます。また、後援会等に対する贈与であっても、その贈与財産が最終的に国又は地方公共団体に帰属することが明らかな場合には、非課税の適用があります。

【補　足】
　学校法人に寄付して非課税適用を受ける場合、領収書だけではなく、学校法人が文部科学省に申請して、発行を受けた「相続税非課税対象法人の証明書」が必要となります。この証明書が発行されるのに期間を要するため、少なくとも申告期限の約2か月前までに寄付の手続きを済ませておかないと、申告期限までに証明書が間に合わない場合があります。

遺産分割時の財産額での申告

Q26 遺産分割に年数を要し、上場株式や宅地の時価がかなり変動しました。相続税の総額を按分するにあたって、遺産分割時の財産額の取得割合を使用して、各人の相続税額を計算することはできるでしょうか。

A 遺産分割時に時価が当初申告額の半分になっていたとしても、相続税の申告及び更正の請求においては、相続開始時の時価（相続税評価額）をベースに計算しなければなりません。相続開始後に財産の価額が、どれだけ下落しようと上昇していようと、相続開始時の価額での課税となります。

遺産分割協議で相続人ＡとＢの２名が、遺産を分割時の価額で２分の１ずつ取得したものの、Ａは現預金の取得、Ｂは宅地と上場株式の取得であったような場合、相続開始時の価額の割合では、Ａは３分の２、Ｂは３分の１ということもあります。公平に遺産分割したつもりでも、税金の支払いはＡはＢの２倍の額になってしまいます。だからといって、取得金額を調整して、相続税額の支払いを同額にすることはできません。したがって、価額に変動のあるものを分割したときには、後でトラブルにならないように、税負担について話し合っておく必要があります。税金も考慮して分割するか、遺産が未分割であったため法定相続分により取得したものとして申告した期限内申告についてお互いに更正請求等の是正手続きをとらないという取り決めをするのもひとつの方法です。

価額の変動を考慮した調整

▶遺産分割にあたって、負担すべき相続税を加味して取得財産額を決定する
▶代償分割を活用する
▶更正請求できる者がその請求をしない取り決めをする

Explanation

　遺産分割時の価額で課税すべきとの納税者の訴えは過去の判例において退けられています。納税者の主張を認めてしまうと、遺産分割をどの時点で行うかによって、納税額が異なり、納税者の恣意を許すことになってしまうからです。しかしながら、遺産分割時に同額の財産を取得していながら、取得財産の種類が違うために、納付すべき相続税額に大きな差が生じるのは相続人にとっては納得がいかない場合があるでしょう。遺産分割の調停では、過去に贈与を受けた財産を特別受益として持ち戻しをして遺産分割を決定しますが、分割の対象となる遺産も含めて、すべて遺産分割時の価額での協議になるのが通常です。ところが、相続税の課税はあくまでも相続開始時の価額で計算します。相続開始時から遺産分割時までに価額が大きく変動している場合には、公平な遺産分割が、不公平な税負担を生じさせることになるのです。遺産が未分割のため相続税法第55条により、課税価格を計算し、期限内申告及び納税した税額が、分割後に計算した税額に対して納め過ぎとなった者は、遺産分割から4月以内に限り更正の請求により税金の還付を受けることができます。そして、この請求により税務署長は、更正できる期間が既に経過している場合においても、その更正の請求に基づき税額が増加する他の相続人等に更正することによって、還付する税額相当額を他の共同相続人等から納税させることができるのです。更正できる期間が経過してしまっているわけですから、更正の請求をしてくる者がいないのに税額が増加する者に一方的に納税させる更正はできません。このことをふまえて遺産分割を協議しなければ、分割後に相続税の負担で揉めることがあります。遺産分割調停で相続税の負担まで話し合われることは少ないと思いますが、くれぐれもアドバイスしたいところです。

【補　足】
　国税通則法に規定されている税務署長が更正することができる期間は、一般の場合は相続税が5年、贈与税が6年です。

取得形態別課税財産の価額

Q27 相続税が課税される財産は、すべて相続開始時の価額によるのでしょうか。遺産分割がどのように行われても課税価格の合計額は変わらないのでしょうか。

A 相続又は遺贈及び死因贈与により取得した財産は、原則すべて相続開始の日の価額で評価し、課税されます。例外として、相続人がいない場合に特別縁故者が取得した分与財産は、みなし遺贈財産として相続税課税されますが、相続開始の日の価額ではなく分与時の価額での課税となります。

相続税は、一物二価と表現されるように、取得者によって宅地や同族株式の評価額が変わることがあります。また、制限納税義務者（Q17参照）が取得した国外財産は課税対象外のため、無制限納税義務者（Q17参照）が取得して課税される場合に比べ、当然課税価格の合計額は減少し、各人の相続税額も軽減されることになります。遺贈及び遺産分割は、課税を受ける財産の評価額も考慮したうえで決定してください。

> **相続税の課税金額**
> ▶相続又は遺贈（死因贈与を含む）により取得した財産は、相続開始時の価額
>   例外は、相続財産法人からの分与財産
> ▶贈与（死因贈与を除く）により取得した財産は、贈与時の価額
>   例外は、みなし相続遺贈財産として課税を受ける農地等

Explanation

分割の時期又は遺贈の効力が生じた時期あるいは申告期限によって、課税される財産の評価時期及び申告すべき価額が変動することはありません。

失踪宣告を受けて相続が開始した場合も、申告は「失踪宣告に関する審判の確定があったことを知った日の翌日から10月以内」で、それが失踪から20年経過していたとしても、相続税は、生死不明から7年経過した死亡と

みなされた日が相続開始の日とされ、その時点の評価額で申告します。

　例外として、被相続人に相続人が不存在の場合において、相続財産法人から財産分与により、特別縁故者が分与財産を遺贈により取得したものとして相続税課税される場合には、その分与時の価額で相続税課税されることとなっています。これは、取得者の意思にかかわらず、財産分与まで最低でも13か月というかなりの期間を要するためです（Q28参照）。贈与により取得した財産について、相続税の課税が行われる時は、贈与時の価額での課税になりますが、贈与税の納税猶予を受けた農地等が贈与者の死亡により相続税の課税に取り込まれる時は、死亡時における価額によることとなっています。同じ納税猶予でも、贈与を受けた非上場株式が贈与者の死亡により相続税課税されるときは、贈与時の価額によることになるので注意が必要です。

　宅地及び同族株式は、誰が取得するかにより評価額が大きく変わることがあります。宅地は一筆の単位ではなく一画地、すなわち利用者単位及び取得者単位で評価するため、取得状況により評価に利用する正面路線価や補正率が異なることになるからです。また、最も評価に影響する小規模宅地等の特例（Q30参照）は、取得者により適用の有無が決まります。特例を受けられる者が取得することにより課税価格の合計額が減少し、他の相続人等の相続税額も軽減させることになるのですから、特例対象宅地等（被相続人及び同一生計親族の事業用又は居住用宅地等）の相続については、慎重に検討してください。同族株式は、その株式を取得した者の取得後の議決権割合等により評価方式が代わります。ただし、オーナー社長の相続で、配偶者や子が配当還元価額での低い評価額を採用できるケースは通常はありませんので、生前の相続対策が肝要です。

【補　足】
　相続又は遺贈により取得した財産は、相続開始時の価額により相続税の課税が行われます。たとえ、申告期限までに発生した事情で評価額が大きく変動した場合でも、災害減免法が適用される場合を除き、その変動は考慮されません。

相続人不存在

Q28 同居していた父の叔母から5000万円の遺贈を受けました。平成24年の相続だったので基礎控除額以下であり、相続税の申告はしていません。叔母には相続人がいないため、その後平成27年2月に相続財産法人からの財産分与として居住用不動産の贈与を受けたのですが、課税はどうなりますか。

A 遺贈を受けた5000万円に財産分与時におけるその居住用不動産の価額を加えて、財産分与を受けたことを知った日の翌日から10か月以内に相続税の申告と納税をしなければなりません。相続の開始があった平成24年の税制を適用して課税を受けるため、法定相続人がいない場合の基礎控除は5000万円です。被相続人とあなたは同居しており親族関係にあるので、申告期限まで所有と居住を継続していれば、平成24年の税制における小規模宅地等の特例（Q30参照）、すなわち居住用宅地の240㎡までの部分について特定居住用宅地等として80%の評価減を受けることができます。ただし、あなたは一親等の血族ではありませんので、<u>相続税額の加算</u>が適用されます。

適用税制、課税価格算入額

▶相続開始時における税制を適用する
　法定相続人がいない場合の基礎控除は、
　　　　平成26年までは5000万円、平成27年以降は3000万円
▶分与財産の課税価格算入額は、分与時の価額

Explanation

配偶者はいない、血族相続人である第一及び第二位順位、さらに第三順位の兄弟姉妹も甥姪もいない場合は、「相続人不存在」ということになります。

遺言もなく「相続人不存在」の場合は、「特別縁故者」といって、生前に

被相続人の看護をした者、同居していた者といったような特別の縁故がある人が請求して遺産を取得することができます。これを「相続財産法人からの財産分与」といいます。ただし、分与を受ける（財産の取得）まで13か月以上の期間を要します。財産分与により取得した財産は、遺贈により取得したものとみなされ、分与時の価額で相続税の計算をします。特別縁故者に分与された以外の遺産は国庫に帰属することになります。

■財産分与と相続の申告

特別縁故者が取得した財産に係る相続税は、財産分与を受けた時の評価額を使用します。それに対して適用するのは相続開始時の相続税法です。相続税法の改正により、当時の申告期限、基礎控除や税率が現在と異なる場合がありますので十分注意してください。

当初の遺贈財産の取得では申告義務はなかったものの、分与財産の取得により申告義務が生じた場合又は、当初の遺贈財産の取得で申告を済ませた後に財産分与があった場合のいずれの場合にも、その財産分与があったことを知った日の翌日から10か月以内に申告書の提出義務が生じます。

■共有持分を有する者に相続人がいない場合

不動産の共有持分を有する者が死亡した場合で、その者に相続人がいないときは、その者の持分は他の共有者に帰属します。この場合、その持分相当額は、みなし遺贈財産として相続税課税されます。ただし、特別縁故者への財産分与が優先されます。相続税課税される持分の評価は、共有持分を遺贈により取得したものとされることから、相続開始の時の価額となります。相続税の申告期限は、特別縁故者による財産分与の請求がない場合は、特別縁故者の財産分与の請求期限の満了の日の翌日から10か月以内、特別縁故者の財産分与の請求がある場合は、分与額又は分与しないことの決定が確定したことを知った日の翌日から10か月以内です。

【補　足】
　財産分与により取得した財産を申告期限までに、国等又は特定の公益法人等に寄付した場合には、非課税の適用があります（Q25参照）。

相続人間で争いがある場合

Q29 遺産分割で揉めていて、申告書の共同提出ができそうにありません。兄は生前に相続時精算課税贈与を受けたようですが、その額が不明なため相続税の計算ができないうえ、7月死亡のため、相続税の申告期限より所得税の確定申告期限が先に到来します。

A 贈与財産の価額がわからないからといって相続税の申告書を提出しないでいると、税務署が税額を決定し、その税額には無申告加算税及び延滞税が課せられます。正当な理由があればそれらの附帯税はかからないのですが、相続人間に争いがある等の理由により相続財産の全容を知り得なかったこと及び遺産分割協議が行えなかったことは正当な理由に当たらないとされています。なお、贈与財産の価額を加算しないで期限内申告をした場合は納付税額を過少に申告したことになりますが、正当な理由があれば、その後の修正申告等に過少申告加算税及び延滞税はかかりません。被相続人から兄に贈与があったことを知らなかったのであれば正当な理由があると主張できます。また、更正を予知したものでなければ、贈与財産の価額が判明した後に提出する修正申告書にも過少申告加算税は課せられません。他の共同相続人等が贈与を受けた財産の価額は税務署に開示請求をすれば教えてもらうことができます。更正を受ける前に修正申告書を提出してください。

遺産が未分割の状態で所得税の確定申告期限を迎えるときは、不動産所得など相続財産に係る所得は、各相続人が法定相続分で申告しなければなりません。また、その後遺産分割が確定しても、一旦法定相続分で申告した所得税を是正することはできません。

所得税及び相続税の申告

▶不動産所得など所得については、法定相続分で収入及び費用を帰属させて所得税の申告をする
▶被相続人の住所地の所轄税務署長に開示請求をして、他の相続人等の贈与税の課税価格の合計を開示してもらう

Explanation

　相続税の計算は、相続人及び受遺者並びに特定納税義務者である相続時精算課税適用者全員の課税価格を合計した金額から、遺産に係る基礎控除を控除した金額を、法定相続人が法定相続分で取得したものとして相続税の総額を求めます。そして、その相続税の総額を、各人の課税価格の比により按分した税額を納付税額の計算に使用するため、他の者が被相続人から過去3年以内に贈与を受けた財産の価額及び相続時精算課税の贈与財産の価額がわからないと相続税の計算ができません。そこで、相続税法では任意とされている共同提出が、実務的には原則となっているのです。

　相続又は遺贈により財産を取得した者は、被相続人に係る相続税の申告書の提出又は更正の請求に必要となるときに限り、他の相続人等がその被相続人から相続開始前3年以内に取得した財産又は他の相続人等がその被相続人から取得した相続時精算課税の適用を受けた財産に係る贈与税の申告書に記載された贈与税の課税価格の合計額について、開示の請求をすることができます。この請求は、相続による国税の納付義務を承継した人や、相続時精算課税の適用に伴う権利義務を承継した人もできます。なお、開示されるのは、相続税の申告に必要な金額であって詳しい財産の内容が開示されるわけではありません。また、開示は請求から2か月近くかかることもありますので、余裕をみて請求してください。遺産分割協議について弁護士等を代理人としている場合は、それぞれの代理人が確認し合って財産漏れ防止や評価についても調整が可能かと思われますが、そうでない場合は、手を尽くしてわかる範囲で申告期限までに申告を済ませてください。

【補　足】
　遺産が未分割の場合でも、税務調査が行われ、その調査で申告漏れになっている財産が判明することがあります。この場合の修正申告については、過少申告加算税や延滞税がかかります。

小規模宅地等

Q30 宅地の取得者によっては、評価額が変動し、全員の相続税額にも影響するという宅地の評価の特例について教えてください。

A 小規模宅地等の特例の適用がある宅地等（土地及び借地権）を特例対象宅地等といいます。被相続人又はその被相続人と生計を一にしていた親族の事業用又は居住用宅地等の場合は、一定の要件を満たす者が取得すれば、特定事業用宅等として400㎡まで、特定居住用宅地等として330㎡まで、それぞれの部分について80％の減額を受けることができます。その事業が不動産の貸付の場合は、貸付事業用宅地等として200㎡までの部分について50％の減額ができます。この特例は、すべての相続人等が取得した宅地等それぞれに適用があるわけではなく、被相続人ベースで事業用400㎡及び居住用330㎡の限度面積までの適用となります。貸付事業用（特定同族会社への貸付を除く）の場合は、単独で200㎡まで適用できるのではなく、特定事業用又は特定居住用があれば、調整計算により、特例を受ける宅地等を200㎡ベースで計算して合計200㎡を限度として適用を受けることになります。したがって、他に特例対象宅地等があれば貸付事業用宅地等を選択しないほうがよいでしょう。

相続税の申告で選択した小規模宅地等の選択替えは、原則として認められません。申告までに宅地等が未分割である場合は、小規模宅地等の特例の適用がありませんが、未分割宅地等が分割された場合は更正の請求により特例の適用を受けることができます。

小規模宅地等（限度面積内の選択特例対象宅地等）

▶特定居住用宅地等
▶特定事業用宅地等
▶特定同族会社事業用宅地等
▶貸付事業用宅地等

課税財産

Explanation

　小規模宅地等の特例の対象となる宅地等は、親族が相続又は遺贈により取得した被相続人又は同一生計親族の居住用又は事業用に供されている宅地等であり、相続税の課税がされる贈与により取得した宅地等には適用がありません。

　特例が適用される宅地等に該当するには、その宅地等を相続又は遺贈により取得した者が被相続人の親族で、以下のそれぞれの要件を満たす場合に限られます。

1.「特定居住用宅地等」とされるための要件（次のいずれかに該当すること）

(1) 被相続人又は同一生計親族の居住用宅地を取得するのは配偶者である。

(2) 被相続人の居住用宅地を同居の親族が取得し、申告期限まで所有と居住を継続している。

(3) 被相続人に配偶者及び同居の法定相続人がいない場合において、被相続人の居住用宅地の取得者は、相続開始前3年以内にその者又はその配偶者の国内にある持家に住んだことがなく、申告期限までその宅地等について所有を継続している（取得者が国外居住である場合には、日本国籍を有していること）。

(4) 同一生計親族である者の居住用宅地をその者自身が取得して申告期限まで所有し、居住を継続している（被相続人からその親族への貸付が使用貸借による場合に限る）。

(注)(1) 被相続人等の居住用宅地等の判定にあたっては、その宅地等が2以上ある場合には、主としてその居住の用に供していた一の宅地等に限られ、住民票の有無だけではなく、日常生活の状況、その建物への入居目的、その建物の構造及び設備の状況、生活の拠点となるべき他の建物の有無その他の事実を総合勘案して判断する。

(2) 1棟の建物で二世帯住宅の場合は、建物内部で行き来できるか否かにかかわらず、その住宅が構造上区分された住居であっても、区分

所有建物の場合を除き、その敷地全体を被相続人の居住用宅地として特例の適用ができる。
(3) 相続開始の直前において被相続人の居住の用に供されていなかった宅地等についても、要介護認定又は要支援認定を受けていた被相続人が老人ホーム等に入所しており、被相続人の居住の用に供さなくなった後に、事業の用又は被相続人等以外の者の居住の用とされていなければ、被相続人の居住用宅地等として扱うことができる。

2.「特定事業用宅地等」とされるための要件（次のいずれかに該当すること）
(1) 被相続人の事業用（貸付用を除く）宅地等を事業承継者が取得し、申告期限まで所有し、事業を継続している。
(2) 同一生計親族である者の事業用（貸付用を除く）宅地をその者自身が取得して申告期限まで所有し、事業を継続している（被相続人からその親族への貸付が使用貸借による場合に限る）。

3.「特定同族会社事業用宅地等」とされるための要件
相続開始の直前に被相続人及び同族関係者が50％超の持ち株を有する法人の事業（不動産貸付業を除く）の用に供されていた宅地等を取得した者が、申告期限においてその法人の役員であり、申告期限までその宅地等を所有し、かつその宅地がその法人の事業に供されている。ただし、法人への貸付が賃貸借によるものでなければ「特定同族会社事業用宅地等」にはならず、下記の「貸付事業用宅地等」にもならないため、小規模宅地等の特例は一切適用できない。

4.「貸付事業用宅地等」とされるための要件（次のいずれかに該当すること）
(1) 被相続人の貸付事業用宅地を取得した者が、申告期限まで所有と貸付を継続している。
(2) 同一生計親族の貸付用宅地（被相続人が使用賃貸で貸付けている親族所有の貸ビルの敷地等）をその親族自身が取得し、申告期限まで所有と貸付を継続している。

なお、(1)及び(2)の貸付が上記「特定同族会社事業用宅地等」の要件に該当

すれば、「特定同族会社事業用宅地等」として扱うことになる。

　被相続人から建物又は宅地等を賃借していた親族が、その敷地又は宅地等を取得した場合には、混同により貸付の継続が認められず、特例の適用はない。

5. 特例の適用が受けられる限度面積

　「特定居住用宅地等（以下、Aとする）」「特定事業用宅地等（以下、Bとする）」「特定同族会社事業用宅地等（以下、Cとする）」を選択する場合は、A宅地の地積が330㎡まで、BとCの宅地の合計地積400㎡まで適用できる。しかし、「貸付事業用宅地等（以下、Dとする）」を選択すれば、限度面積の調整計算が要求され、「Aの地積×200/330＋（Bの地積＋Cの地積）×200/400＋Dの地積≦200」となるように選択面積を計算する。

【補　足】
　小規模宅地等として一旦選択した宅地を別の宅地に変更することはできません。仮にA宅地に適用し、その後B宅地の申告漏れに気づき、B宅地から適用したほうが有利であることが判明した場合でも同じです。特例対象ではない宅地に適用していたなど当初の適用が誤っていた場合や、遺留分減殺請求で当初適用した土地を取得できなくなったなどの場合は、選択替えではなく改めて特例を適用することができます。
　分割した宅地について特例を受けずに申告して、その後に特例を受けようと更正の請求をしても、特定計画山林があり、その全部または一部が未分割であったという事由がない限り、分割済みの宅地について更正の請求により小規模宅地等の特例を認める法規定はありません。
　前述の1.「特定居住用宅地等」とされるための要件の(3)、いわゆる家なき子の要件で、持家からは相続開始の直前において被相続人の居住の用に供されていた家屋を除くため、宅地を被相続人から無償で借りて自宅を建て被相続人と同居していた親族が、転勤等の事情によりその自宅に居住していなかったような場合には特例対象となります。
　同族会社への貸付金の短期回収が見込めないような場合、その法人が事業用宅地を有していれば、法人税及び移転に係る諸経費を考慮したうえで、その土地を代物弁済により取得し、賃貸借契約を締結することにより相続税の課税財産の圧縮を図ることができます。

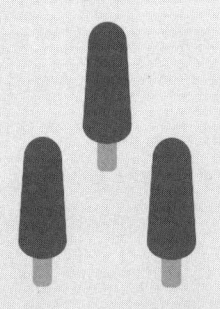

遺産の取得(遺贈・遺産分割)

孫への遺贈

Q31 孫に遺産を取得させるための方法を教えてください。相続税法改正での影響はありますか。

A 相続人ではない孫に遺産を取得させる方法は、養子縁組、生前贈与、死因贈与、遺贈といった手段があります。また、自己の死亡保険金の受取人を孫にすることで「生命保険金」、契約者は孫で被保険者は孫の親といった保険契約の保険料を負担することで「生命保険契約に関する権利」というみなし遺贈財産（Q8参照）を取得させることもできます。ただし、孫は養子とならない限り相続人ではないため生命保険金の非課税金額（Q9参照）はなく、法定相続人ではないので未成年者や障害者であっても未成年者控除や障害者控除の適用はありません。また、孫が遺産を取得した場合には、孫は相続税額が2割増しとなる相続税額の加算対象者です。1親等の血族には加算はないのですが、孫は代襲相続人でない限り養子縁組により1親等の血族になってもこの加算が行われます。したがって、予想以上に相続税の負担が重くなることがあります。

平成27年より、暦年課税贈与では直系尊属からの贈与のほうが一般の場合に比べて税率区分等が優遇されています。遺産総額と法定相続人の数にもよりますが、暦年課税贈与を毎年実行することが相続税の有効な節税手段となります。孫は遺産（みなし財産を含む）を取得しない限り、3年以内の贈与であってもその贈与財産が相続税の課税を受けることはありません。遺産総額が大きい場合には、生前に暦年課税贈与をすることを検討してください。

孫への財産移転の手段

▶ 死因贈与契約を締結する
▶ 遺言する
▶ みなし財産を取得させる
▶ 相続時精算課税贈与をする
▶ 基礎控除110万円を活用した暦年課税贈与をする

遺産の取得（遺贈・遺産分割）

Explanation

　死因贈与は、贈与者の死亡により死因贈与の目的となった財産が受遺者に移転するため、民法及び相続税法では遺贈と同じ扱いがなされます。したがって、死因贈与は相続税の課税原因となります。死因贈与は、「死んだらあげるよ」「ありがとう」と単に口約束だけでも有効に成立しますが、贈与者死亡後に贈与の有無について相続人や税務署とトラブルにならないように書面によることをお勧めします。

　遺贈とは、遺言により財産を取得させることで、特定遺贈と包括遺贈があります。特定遺贈とは、「××町所在の宅地を与える」と財産を特定して取得させる遺贈です。一方、包括遺贈とは、財産を特定せず「遺産の4分の1を与える」といった、割合で取得させる遺贈です。特定遺贈の場合には受遺者はいつでも遺贈の放棄ができますが、包括遺贈の場合は相続の放棄と同様、遺贈を知ったときから3月以内に家庭裁判所に申述して放棄をします。孫が遺贈を放棄した場合には、結果的に被相続人の思いが実現しないことになります。この点、死因贈与は孫の意思も確認の上でなされたものですから安心です。包括遺贈は、遺産の取得を割合で指定するため、プラスの財産だけでなくマイナスの財産も取得させることになり、民法上、包括受遺者は相続人と同様の権利義務を有することになり、<u>遺産分割協議</u>にもかかわらなければならなくなります。その際、孫が未成年であれば法定代理人である親権者が孫に代わって遺産分割協議に参加します。しかし、親権者がその被相続人の相続人である場合には、遺産分割に関して利益相反となるため、家庭裁判所に特別代理人の選任を請求しなければなりません。

　相続時精算課税贈与は、平成27年から贈与者の年齢要件が65歳から60歳に緩和され、この贈与により財産を取得できる者は子及び孫となりました。それまでは孫がこの贈与を受けられるのは子が死亡していた場合に限られていました。ただし、受贈者が贈与年の1月1日において20歳以上であることという要件は改正されていません。相続時精算課税贈与は、生前の早い時

期に多額の財産を取得させる手段又は収益物件を贈与して今後発生する贈与者の所得を移転させる方法としては有効ですが、将来の相続税改正が不透明、財産の現況に関係なく贈与時の価額で相続税課税、受贈者が先に死亡した場合のリスクもあります。また、一旦選択すれば、その後の贈与は相続時精算課税贈与となり110万円以下の贈与でも贈与税の申告が必要で、暦年課税贈与に戻ることはできません。直系尊属からの贈与について税率が軽減（下記速算表参照）された暦年課税贈与も検討してください。

■贈与税の速算表

課税価格（基礎控除後）	（一般）税率	（一般）控除額	（20歳以上の子・孫）税率	（20歳以上の子・孫）控除額
200万円以下	10%	なし	10%	なし
200万円超　300万円以下	15%	10万円	15%	10万円
300万円超　400万円以下	20%	25万円	15%	10万円
400万円超　600万円以下	30%	65万円	20%	30万円
600万円超　1000万円以下	40%	125万円	30%	90万円
1000万円超　1500万円以下	45%	175万円	40%	190万円
1500万円超　3000万円以下	50%	250万円	45%	265万円
3000万円超　4500万円以下	55%	400万円	50%	415万円
4500万円超	55%	400万円	55%	640万円

【補　足】
　以前は、相続税の基礎控除を増やすために孫を養子にするといった対策を講じる方もいましたが、平成27年からは1人当たりの基礎控除が600万円に縮小され、2億円超の金額に適用される相続税率の区分も5％刻みとなったため、複数の法定相続人を有する被相続人が孫を養子にして法定相続人の数を1人増やしても、孫は相続税額が2割加算されるため、あまり有効な相続対策とはならなくなっています。ただし、子1人のみが相続人でその子の子を養子にするといったような場合には、孫に取得させる遺産の額にもよりますが、ある程度は節税対策になる場合もあります。
　遺産総額5億円、法定相続人が2人で孫が4人おり、孫に1000万円ずつ贈与した場合、孫が遺贈で財産を取得しない限り、相続開始前3年以内の贈与に該

遺産の取得（遺贈・遺産分割）

当してもその贈与財産が相続税の課税価格に加算されることはないので、孫4人の贈与税とその後の相続税の負担は合計で1億4118万円となります。贈与ではなく孫4人に1000万円ずつ遺贈したとすると、孫は相続税額が2割増しになるので、相続税額はトータルで1億5453万円。結果的に、生前贈与によるほうが、1300万円強、税負担が減少します（下図参照）。

■ 保有資産5億円の場合

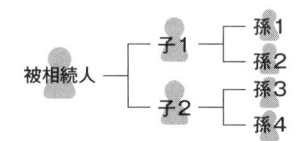

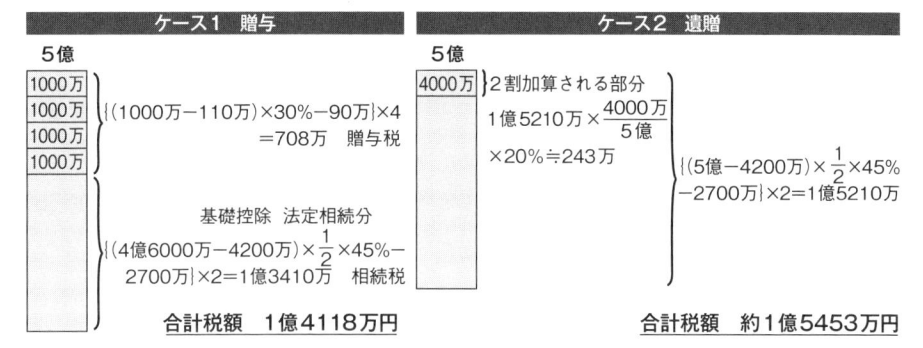

被相続人 ─┬─ 子1 ─┬─ 孫1
          │   └─ 孫2
          └─ 子2 ─┬─ 孫3
                   └─ 孫4

ケース1　贈与

5億
| 1000万 |
| 1000万 |
| 1000万 |
| 1000万 |

$\{(1000万 - 110万) \times 30\% - 90万\} \times 4 = 708万$　贈与税

基礎控除　法定相続分
$\{(4億6000万 - 4200万) \times \frac{1}{2} \times 45\% - 2700万\} \times 2 = 1億3410万$　相続税

合計税額　1億4118万円

ケース2　遺贈

5億
| 4000万 |

2割加算される部分
$1億5210万 \times \frac{4000万}{5億} \times 20\% ≒ 243万$

$\{(5億 - 4200万) \times \frac{1}{2} \times 45\% - 2700万\} \times 2 = 1億5210万$

合計税額　約1億5453万円

■ 相続税の速算表

法定相続分に応ずる取得金額	税率	控除額
1000万円以下	10%	―
3000万円以下	15%	50万円
5000万円以下	20%	200万円
1億円以下	30%	700万円
2億円以下	40%	1700万円
3億円以下	45%	2700万円
6億円以下	50%	4200万円
6億円超	55%	7200万円

死因贈与の活用

Q32 長年生活をともにしてきた内縁の夫が、自宅を私に遺贈するといってくれていますが、遺言書は書き換えが可能とききました。自宅の取得を確実にする方法はないでしょうか。

A 遺言は自筆証書又は公正証書（Q46、47参照）にかかわらず、遺言内容が異なる部分については、最も新しく作成されたものが有効です。したがって、気が変わればいくらでも書き換えは可能です。もちろんその内容を受遺者等に周知する必要もありません。

将来の取得を確実にしたいのであれば、死因贈与契約をお勧めします。遺贈は仮登記ができませんが、死因贈与の場合は、生前に登記原因を「贈与（始期○○の死亡）」として、始期付所有権移転仮登記をすることができます。贈与者は、死亡までに気が変わっても、仮登記の末梢には仮登記を受けた者の同意が必要なため、簡単に死因贈与を撤回することができず、物件の売却や相続による登記を防ぐことができます。

なお、登記申請上の便宜を考慮して、公正証書によること、執行者の指定をしておくことが肝要です。

不動産を確実に取得する手段
▶ 公正証書により死因贈与契約を締結する
▶ 公正証書に始期付所有権移転仮登記する旨を記載する
▶ 公正証書に執行者を指定する条項を入れておく

Explanation

居住用不動産の贈与についての優遇規定である贈与税の配偶者控除を利用すれば、控除額2000万円に基礎控除110万円で、結果的に2110万円までは贈与税負担なしに贈与することができますが、この制度は20年以上正式な婚姻関係が継続している配偶者間の贈与に限られています。配偶者控除が適

用できないとなると、贈与税率は非常に高いので、高額な不動産の贈与による取得は利用しにくい現状があります。

遺言は自筆証書遺言でも公正証書遺言でも前の遺言に抵触する部分は日付の新しいものが有効となるので、当初の遺言内容で安心していても、被相続人の死亡後に最新の遺言書が発見されて、思惑が外れることがあります。

死因贈与は、贈与者と受贈者との契約で成立するもので、死亡後に財産が移転するため、民法でも相続税法でも遺贈と同じ取扱いがなされますが、口頭による死因贈与は撤回される可能性もあります。不動産の贈与の場合は、死因贈与契約を公正証書により、始期付所有権移転仮登記をする旨と執行者を定めておけば、受贈者は単独で仮登記ができ、贈与契約の撤回も困難となり、贈与者死亡後の本登記もスムーズに進められます。

なお、贈与者が死亡した場合において、その贈与者から遺産を取得したすべての者の課税価格の合計額が遺産に係る基礎控除額を超えるときは、贈与者の死亡を知った日の翌日から10月以内に相続税の申告書を提出しなければなりません。正式な婚姻関係がなければ、配偶者に対する相続税額の軽減は適用できず、相続税額が2割加算されます。

【補 足】
　死因贈与契約により仮登記を済ませているから安心とはいえない場合があります。相続人から遺留分の減殺請求（Q49参照）がなされるケースがあるからです。相続人が兄弟姉妹以外の場合は、遺留分権利者である相続人は、遺留分の減殺請求を行使することができます。ただし、減殺請求を受けた者は、財産の返還ではなく侵害額を価額弁済することができますので、自宅の取得ができなくなるわけではありません。
　なお、小規模宅地等の特例（Q30参照）は、取得者が親族でなければ適用がありません。また、相続税の配偶者の税額軽減は、正式な婚姻関係にあることが要件とされていますが、贈与税の配偶者控除と異なり、婚姻期間が問われることはありませんので、死亡直前婚の配偶者にも適用があります。当然ながら、配偶者であれば相続税額の加算は適用されません。

遺産分割のやり直しと課税

Q33 兄が海外赴任することになり状況が変わったため、遺産分割のやり直しを考えています。相続税の申告のやり直しはできますか。

A 「共同相続人の全員が既に成立している遺産分割協議の全部又は一部を合意により解除した上、改めて遺産分割協議をなしうることは、法律上、当然には妨げられるものではない」と、最高裁判所平成2年9月27日判決では、合意解除の有効性を認めています。

しかし、一旦確定した遺産分割のやり直しによる相続税の計算のやり直しはできません。税法では通常、贈与税課税等が生じます。

遺産分割そのものが無効とされる場合や詐欺や脅迫などによる取消しの場合は、贈与税課税なしで改めて遺産分割ができます。また、遺産の一部が脱漏した状態で遺産分割をした場合において、その分割した遺産と脱漏していた財産との区別や両者を分離して処理することについての当事者の合意が不十分であれば、その遺産分割は無効とする判例があります。これらの場合、還付を受ける者は更正の請求ができます。新たに納税が生じることとなる者又は税額が増加する者は、相続税法特則規定の事由による申告ではありませんが、「正当な理由」があると認められる場合には、期限後申告書又は修正申告書の提出による加算税は課せられません。

単なる相続人の都合による遺産分割のやり直しは、贈与税等の課税をふまえたうえで実行してください。

遺産分割の無効を主張できる場合

▶ 胎児、共同相続人、包括受遺者、相続分の譲渡を受けた者の一部を除外してなされた遺産分割
▶ 相続人でない者が相続人として参加した遺産分割
▶ 必要な法定代理人を選任しないで行った遺産分割

Explanation

　法律上は、共同相続人全員での合意解除による遺産分割のやり直しは可能です。しかし、税金面では、無効原因や解除原因が伴わない遺産分割のやり直しによる財産の取得は、相続による承継ではなく、一度取得者として確定した相続人から、新たに取得する行為ととらえ、贈与税や所得税の課税関係が生じることになります。

　負担すべき義務や代償分割債務を履行しないという理由での遺産分割の取消しなども認められません。「遺産分割はその性質上協議の成立とともに終了し、その後は協議において債務を負担した相続人とその債権を取得した相続人間の債権債務関係が残るだけと解すべきである」として、債務不履行による遺産分割協議の解除を認めなかった最高裁の判決もあります。

　納税を免れる目的で当事者が結束して得た無効の判決を、更正の請求事由として認めなかった判例もあります。

　非常に重要性の高い財産の存在を知らずに遺産分割を成立させてしまったような場合に、その財産についてだけ追加の遺産分割協議をすれば問題はないのですが、財産の性格や重要性から当初の遺産分割に瑕疵ありとして、遺産分割をやり直す場合もあるでしょう。しかし、課税サイドでは、無効による遺産分割のやり直しをかなり厳しく制限している実情があります。ただし、遺産の大半が遺贈されている、相続分の指定がなされているなどが判明し、既に確定した遺産分割に大きな影響がある場合などは、当初分割に錯誤があったものとして無効を主張できる可能性があるでしょう。

【補　足】
　同族株式の取得について配当還元価額で評価できると信じて行った遺産分割が誤っていたため、やり直しが認められた判例があります。これは税理士の判断誤りや指導誤りも含めて、「やむを得ない事情により誤信の内容を是正する一回的なものであると認められる」とした特殊なケースでした。一旦申告した遺産分割のやり直しは、追加の課税（所得税や贈与税）なしではできないことをふまえて、慎重に遺産分割を行ってください。

遺言を無視した遺産分割

Q34 遺言書に記載されている内容と異なる遺産の取得が遺産分割協議で成立しましたが、問題ありませんか。

A 相続税の申告書を提出する前に、遺言内容と異なる遺産分割をすることは可能です。相続人である受遺者が遺贈を放棄し、改めて遺産分割により財産を取得したと考えるので、贈与税の課税も生じません。相続分の指定があった場合もその指定相続分によらず、遺産分割協議で取得を決めることも可能です。

相続人以外で特定遺贈を受けた者（受遺者という）がいる場合は、受遺者は、その遺贈を受けるか放棄するかいずれかの選択しかできません。当然、特定遺贈を放棄して相続人と共に遺産分割協議に加わることはできません。

遺贈が相続人以外への包括遺贈の場合は、その者が遺贈の放棄をすれば、財産は一切取得できません。また、遺言で指定された割合以外での取得も原則としてできません。包括受遺者は、特定遺贈を放棄した共同相続人とともに遺産分割協議に参加し、包括遺贈の割合で財産を取得します。

遺言無視、遺産分割の有効性

▶遺言書に特に禁じる旨の記載がないこと
▶共同相続人全員が遺言書の存在と内容を知っていること
▶共同相続人全員の合意及び遺言執行者の同意があること

Explanation

遺言内容と異なる遺産分割において、遺産分割協議書に遺言の存在、遺言内容と異なる遺産分割をすることの経緯、遺言執行者の同意を明記しておけば後のトラブルを防ぐことができます。

ところで、遺言執行者が指定されており、その遺言執行者が相続人であれば、遺産分割協議にはその者が参加し同意があるので問題はありません。し

かし、民法に「遺言執行者は、相続財産の管理その他遺言の執行に必要な一切の行為をする権利義務を有する。(1012条)」「相続人は、相続財産の処分その他遺言の執行を妨げるべき行為をすることができない。(1013条)」とありますので、第三者が遺言執行者の場合は、遺言執行者としての任務違反の問題が生じる可能性があります。遺言執行者と相続人との信頼関係にかかわらず、遺言執行者は職の辞任も選択肢として考えられます。

なお、相続人以外に受遺者がいる場合において、その者が遺贈を放棄したときは、放棄の旨を書面で受領しておきましょう。包括遺贈の放棄は、相続放棄と同じく家庭裁判所への申述を要しますが、特定遺贈の放棄は期限も定められておらず、また様式もなく口頭でなされる場合が多いため、後でトラブルになるケースがあります。

そして、相続人が遺産分割協議で受遺者が放棄した財産の取得者を定めたときは、「××について遺贈の放棄があったため、相続人全員の協議により、○○が取得することに決定した。」と特定遺贈の放棄が遺産分割協議書で明らかになるようにしておきましょう。

【補　足】
　遺言を前提に申告した後に、遺言を無視した遺産分割により遺産を取得した場合は、贈与税等の課税が行われます。また、遺言を無視して遺産分割を進め、申告期限までに分割ができず、相続税法第55条の未分割財産の課税の規定に従って申告をしたものの、その後遺産分割協議が成立せず、当初の遺言内容に基づいて財産を取得し修正申告をした場合には、相続税法の特則規定にある「遺言書が発見された」という事由に基づく修正申告とはならないので、附帯税が課せられます。税務署に提出する申告書には、遺言書を添付するのではなく、「未分割遺産が分割された」という事由に該当するように、遺言内容に沿った遺産分割協議書を作成添付して申告してください。
(注)自筆証書遺言は家庭裁判所での検認が必要なため、その際の日付により、申告期限後に発見したという言い訳は通りません。

相続人の異動と遺産分割

Q35 遺産分割成立後に認知により相続人が増えました。遺産分割をやり直さなければならないでしょうか。

A 共同相続人全員が参加していない遺産分割は無効とされていますが、強制認知がなされる前に遺産分割協議が成立したのであれば、被認知者（認知された子）に対しては相続分相当額を金銭で支払うといった価額弁済で済みます。したがって、遺産分割協議をやり直す必要はありません。
ただし、第一順位の血族相続人である子や孫がいなかったため、第二順位又は第三順位の相続人と配偶者により分割が行われていた場合において、認知により相続人の順位が変わるときは、もとの遺産分割は無効となりますので遺産分割のやり直しが必要です。

相続税の申告を済ませていた場合

▶ 申告を済ませた者
基礎控除が600万円増加し、弁済額を課税財産からマイナスするため、当初申告について更正の請求ができる
▶ 被認知者
期限内申告書を提出しなければならない

Explanation

認知とは、婚姻関係にない男女間に生まれた子供と父親との間で法律上の親子関係を生じさせる行為です。生前に届け出る又は遺言による認知という任意の認知と、審判又は裁判で確定させる強制（裁判）認知の制度があります。裁判で認知が確定するまで遺産分割ができないことのないように、民法では、その認知請求者を除いての遺産分割を有効とし、その後認知された者は価額支払請求権を有するにとどめています。

相続税の申告書提出後に遺言書が発見され、死後認知がなされた場合、又は認知の訴えにより強制認知があった場合には、その認知により法定相続人

の数が増えるケースもあれば、相続人の順位が変わるケースもあります。相続人の順位が変わる場合は、当初の遺産分割は相続人ではなかった者によるものとなり、遺産分割そのものが無効になります。いずれの場合にも、認知がないものとして相続税の申告書を提出していたときは、相続税法特則規定の「認知により相続人に異動を生じたこと」という事由に該当し、価額支払をする者又は財産を取得しないこととなった者は、認知を知った日の翌日から４月以内であれば更正の請求をすることができます。認知に関する裁判の確定により相続開始後において相続人となり、新たに相続財産を取得した者は、その者がその裁判の確定を知った日の翌日から10月以内に相続税の申告書を提出しなければなりません。この期限までに提出した申告書は、期限内申告書となりますので、附帯税はかかりません。ただし、被相続人死亡から10か月経過すれば、税務署長は申告期限前であっても相続税について決定（税額確定手続き）することができ、更正の請求があった場合には、その請求をした者以外の者に相続税額の決定をすることになっていますので、期限内申告書提出前に決定されることもありますが、期限内に納付すれば附帯税は課せられません。相続税法特則に基づく更正の請求は、配偶者の税額軽減の適用による事由以外は、請求できる期限は、その事由が生じたことを知った日の翌日から４月以内とされているため、未分割財産として申告後、認知裁判の確定があり、その後未分割財産が分割された場合には、２回にわたって更正の請求が必要となる場合があります。

　なお、認知の裁判確定後１か月以内に申告期限が到来する場合は、当初の相続人等の申請により、認知から２か月の範囲内で期限を延長できます。

【補　足】
　不動産登記実務においても、遺産分割協議成立後に認知の裁判が確定した場合、その分割協議書の作成日付が認知の裁判の確定の日より前であることが明らかであれば、認知を受けた子の同意又はその者に対する判決を要せず、当該協議書を提供して相続登記を申請することができます。平成25年９月５日以後の相続税の申告から非嫡出子の相続分は、嫡出子の相続分と同等になりました。

代償分割

Q36 事業を承継した兄が、事業用財産すべてを相続したいといっていますが、私の相続する財産が法定相続分に満たなくなってしまいます。何かよい方法はないでしょうか。

A 財産を取得する代わりに、他の相続人に債務を負担する、つまり自己の資産を交付することを約して行う遺産分割である「代償分割」という方法があります。交付する資産が、キャピタルゲインを生じるものの場合は、交付した相続人は所得税の申告が必要となりますので、所得税課税のないように金銭の交付をする場合が大半です。ただし、他の相続人に支払った金銭（代償債務）は、譲渡所得の計算上取得費等になりませんので、居住用財産の譲渡所得の特例が適用できる場合等を除き、譲渡予定がある財産の相続にはお勧めできません。また、代償金を受け取る側は、相手の支払い能力を判断したうえで代償分割を決定しないと、代償債務が履行されないという理由で遺産分割のやり直しはできません（Q33参照）。

注意すべきことは

- ▶代償債務負担者に負担能力があること
- ▶将来の譲渡を検討すること
- ▶負担額だけでなく、相続税の計算方法も話し合う
- ▶遺産分割協議書に金額、支払期日を明記する

Explanation

事業を承継する者が同族株式あるいは事業用資産を取得するにあたって他の相続人との間で取得金額の調整のために利用する場合、又は小規模宅地等の特例（Q30参照）を限度面積まで最大限活用するために、この特例が適用できる者に対象宅地を取得をさせる場合の利用など、実務的には代償分割を活用する場面は非常に多いです。しかし、家裁の調停で1億円の不動産の相

続にあたり、4人の相続人に2000万円ずつ合計8000万円を支払った者が、その後不動産を譲渡せざるを得なくなり、支払った8000万円が譲渡所得の計算上取得費とならないため高額な所得税等が課せられ、代償金の支払額も含めて、売却代金を大幅に超える負担が生じたという事案もあります。また、取得財産を超えて代償金を支払った場合には、支払いを受けた相続人について贈与税課税の問題が生じます。あるいは、単に口頭で金額を定めただけでは、支払った金額について代償債務を主張できず、贈与税が課税されることになるかもしれません。財産の取得者が代償金を支払ってくれなかったことを事由として、一旦確定した遺産分割を解除することも認められません。高額な代償金の場合は、くれぐれも財産を取得した代償金負担者の資力を考慮したうえで、遺産分割を確定させてください。相続税では、代償分割の対象となった財産の通常の取引価額をもとに代償金の額が決められている場合には、その額を相続税評価額ベースに調整するなどの合理的な方法で計算することができますが、そのためには協議が必要です。

　以上をふまえたうえで、代償分割の選択と代償金を確定し、遺産分割協議書に代償分割である旨と支払期日及び支払方法を記載しておくことが重要です。

【補　足】
　代償分割があった場合の相続税の課税価格の計算方法は以下の通りです。
（1）代償財産を交付した人の課税価格は、相続又は遺贈により取得した現物の財産の価額から支払った金銭の額を控除した金額
（2）代償財産の交付を受けた人の課税価格は、相続又は遺贈により取得した現物の財産の価額と受け取った金額の合計額
　なお、代償分割の対象となった財産が特定され、かつ、代償債務の額がその財産の代償分割の時における通常の取引価額を基として決定されている場合は、支払った金額を相続税評価ベースに圧縮して上記（1）及び（2）の計算をすることができます。たとえば、相続税評価額は4000万円、代償分割時の時価は5000万円、支払った金銭が2000万円の場合、代償債務の額は「2000万円×4000万円/5000万円＝1600万円」です。

代償分割の可否、遺留分算定基礎財産

Q37 私は、相続時精算課税贈与を受けたうえに、多額の死亡保険金を受領したので、他の相続人にも分割取得させたいのですが、代償分割はできますか。

A 贈与財産も保険金も、代償分割（Q36参照）の対象にはなりません。代償分割は遺産分割方法の一形態で、民法上の相続財産について相続人が遺産を協議により取得する場合の取得方法です。被相続人から受領した贈与財産は、既に受贈者であるあなたに帰属する財産です。保険金は、契約上受取人が定まっているもので、民法上の財産ではないので遺産分割協議の対象となるものではありません。保険金を遺産分割の対象として受取人以外の相続人に支払えば贈与税課税が生じます。生前に受取人を分割しておくなどの対策を講じておくべきでした。

なお、相続時精算課税贈与で受けた特別受益が遺留分を侵害している場合、又は、生命保険金が特別受益として扱われたことにより遺留分を侵害することとなった場合には、他の相続人からの遺留分減殺請求（Q49参照）により価額弁済をすることができます。

贈与税が課税されない方法は
▶他の相続人の遺留分を侵害していること ▶その相続人が遺留分減殺請求をすること ▶遺留分算定の基礎となる財産の検討

Explanation

生命保険金2億円のみが課税財産で、契約上の受取人としてその全額を取得した相続人が、他の相続人に対して代償分割と称して1億円を支払った場合には、契約上の受取人がその取得保険金2億円全額について相続税課税されます。そして、その1億円を取得した者に贈与税が課税されます。被相続

遺産の取得（遺贈・遺産分割）

人が保険料を負担していた生命保険金は、相続税法上のみなし相続財産であり、本来の相続財産ではないため、遺産分割の対象とはならず、契約上の受取人が、相続又は遺贈により取得したものとみなされて相続税の課税対象者となるからです。したがって、契約上の受取人以外の者が保険金を受け取った場合は、その者は、その契約上の受取人から贈与により取得したことになるのです。

　保険契約上の保険金受取人以外の者が現実に保険金を取得している場合において、保険金受取人の変更の手続きがなされていなかったことにつきやむを得ない事情があると認められる場合など、現実に保険金を取得した者がその保険金を取得することについて相当な理由があると認められるときは、その保険金取得者を相続税の課税対象者として扱う旨の相続税の基本通達がありますが、これは夫が独身時代に夫の母を受取人として締結した生命保険契約の受取人の変更を失念したまま死亡し、その死亡保険金を夫の母ではなく妻が取得し、妻が受け取るべきものであったとして相続税の申告があったような場合に適用されるもので、決して保険金を他の相続人に分け与えるための通達ではありません。

　贈与財産の取得や保険金の受領が他の相続人の遺留分を侵害していれば、その遺留分侵害額の価額弁済として取得した生命保険金を原資に現金を支払うことができます。遺留分侵害額は、遺留分算定の基礎となる財産額（遺産と特別受益の合計額）に個別的遺留分の割合を乗じて計算した遺留分額からその相続人の相続した財産の額をマイナスして求めます（Q49参照）。

【補　足】
　生命保険金は原則として特別受益に該当しません。しかし、相続人間の不公平が到底是認できないほどに著しいと評価すべき特段の事情がある場合には、特別受益に準じて扱うとされています（最高裁平成16年10月29日判決）。したがって、保険金が遺留分算定基礎財産の計算に取り込まれることもあります。

101

事業承継

Q38 相続を単純承認して、被相続人の事業を引き継ぐことになりました。注意すべき事項を教えてください。

A 単純承認した場合は、事業上の債権債務のみならず事務所の賃借人としての地位や被相続人に係る租税債務も承継します。しかし、被相続人の所得税の青色申告や青色欠損金、消費税の各種届出の効力は相続人には承継されません。債務は共同相続人が法定相続分で承継することになります。事業を継いだ相続人が、遺産分割で事業上の債務の負担を1人で負うことの合意をした場合でも、債権者に免責的債務引受の承諾を得ておかなければ債権者に対抗できません。その年1月1日から死亡の日までの被相続人の所得についての所得税の申告（準確定申告）も忘れないでください。事業を承継した相続人の消費税の納税義務は、被相続人の基準期間の課税売上高が1000万円以下かどうかで判定します。

なお、事業用宅地等がある場合には、その事業の後継者が相続して、事業継続及び所有継続の要件を満たさなければ小規模宅地等の特例（Q30参照）は適用されません。他に居住用宅地等についての小規模宅地等の特例を受ける場合でも、平成27年以降の相続から、貸付事業用宅地について適用しない限り、居住用宅地は330㎡まで、事業用宅地は400㎡までであればそれぞれ併用ができるようになりましたので、80％の評価減を受けるために事業用宅地は後継者が取得すべきでしょう。事業用資産の取得により、相続人間の取得財産の割合が不公平になる場合は、代償分割（Q36参照）を活用してください。

税務上必要な届出

▶相続人が事業承継で初めて事業者になる場合は、「個人事業の開業届」、「所得税の青色承認申請」、「青色専従者給与の届出」、「源泉所得税の納期の特例の承認申請」、「棚卸資産の評価方法の届出」、「減価償却資産の償却方法の届出」及び消費税関係の各種届出書は改めて提出しなければならない

Explanation

　個人事業を承継するからといって、民法上は、すべての事業上の債権や債務を引き継ぐことにはなりません。共同相続人全員で遺産分割協議を行ってください。

■租税債権

　被相続人が、納付すべき又は徴収されることとなったすべての租税債務について単純承認した相続人は、民法第900条の法定相続分、民法第901条の代襲相続分、民法第902条の指定相続分の割合で納付義務を負います。遺産分割で共同相続人間の負担割合を定めても、債権者である国等には対抗できません（Q55参照）。

■保証債務の承継

　単純承認で承継する義務は、借入金等以外にも保証債務や連帯債務があります。根保証（信用保証）は、継続的取引から生ずる将来の債務で増減する不特定債務の保証のため、保証人の地位は相続人には及びませんが、相続開始前に発生し確定していた債務は、承継することとなります。個人間の信頼関係がベースになっている身元保証は承継しません。

■根抵当権の元本確定

　被相続人が、根抵当権者又は債務者の場合は、相続開始後6か月以内に根抵当権設定者との合意の登記をしなければ、相続開始の時点で根抵当権が確定してしまいますので、注意してください。

【補　足】
　承継による新規開業の場合の青色承認申請期限は、以下の通りです。
　①　8月31日までの死亡の場合は、4か月以内
　②　9月1日から10月31日までの死亡の場合は、その年12月31日まで
　③　11月1日から12月31日に死亡の場合は、翌年2月15日まで
　消費税の簡易課税や課税事業者選択届出書はその年の12月31日までです。
　期限を徒過しないよう注意してください。

行方不明者の遺産

Q39 20年以上前に突如消息を絶った夫がいます。自宅は夫名義のままです。どのようにすれば自宅を私名義にできるでしょうか。

A ご主人の相続を開始させるために、ご主人の従来の住所地の家庭裁判所に失踪宣告の申立てをします。失踪宣告の審判が確定してから、10日以内に市区町村役場に死亡したとみなされる日を記載した失踪宣告の届出をしなければなりません。失踪から20年以上経過していますので、失踪宣告のための7年間の要件を満たしています。死亡したとみなされる、すなわち相続開始の日は失踪宣告時ではなく、失踪から7年を経過した時点です。相続税の期限内申告書は、「相続の開始があったことを知った日の翌日から10月以内」に提出しなければなりませんが、失踪宣告の場合は「相続の開始があったことを知った日」とは、「失踪の宣告に関する審判の確定のあったことを知った日」となりますので審判確定から10か月後の応答日までに申告することになります。ただし、相続税の課税においては、相続が開始した日において施行されている法律が適用され、取得財産についても相続開始日の価額で計算しなければなりませんので、その失踪から7年を経過した日における評価額及び相続税法の規定に従って申告します。

法定相続人（相続の放棄があった場合には、その放棄がなかったものとした場合の相続人）が配偶者1人の場合には、配偶者の税額軽減を適用し、相続税の申告書を提出することにより、相続税の納付額はゼロになります。相続人が1人の場合は、遺産分割なしで自宅の相続登記が可能です。

相続の開始

▶ 自然死亡
▶ 擬制死亡
▶ 認定死亡

Explanation

相続開始を生じさせる死亡は、自然死亡だけではなく、擬制死亡や認定死亡と呼ばれるものを含みます。

■擬制死亡

ある人の生死が不明な場合、どこかで法律関係や身分関係を確定させる必要が出てきます。そこで、行方不明から7年以上経過していれば財産上又は身分上の利害関係者が家裁に申し立てて「失踪宣告」を受けることができます。これは「普通失踪」によるものですが、船の沈没や水害などで1年間生死不明の場合は「特別失踪」による失踪宣告を受けることになります。これが擬制死亡です。普通失踪は失踪してから7年後の日、特別失踪は危難が去った時がいずれも相続開始の日になります。

■認定死亡

震災・火災・津波などで遺体が確認されなくても死亡を推定するにたる充分な状況がある場合に、警察などが市役所に報告して戸籍に死亡と記載される制度です。報告があった日が相続開始の日となります。

■高齢者消除

この制度は、所在不明の100歳以上の高齢者で到底生存の可能性はないと考えられる場合に、市町村長が法務局の許可を得て戸籍に死亡の記載をする制度です。ただ、これは戸籍の整理のための便宜上のもので、相続を開始させるためには別途失踪宣告の手続きが必要です。

【補　足】

失踪者が生存していた場合には、失踪宣告は請求により取り消され、財産や身分関係が元に戻ります。自身の遺産を子供だけに取得させたい場合は、失踪宣告による配偶者の死亡を得るのではなく配偶者との離婚、すなわち行方不明の配偶者を被告とする離婚訴訟の手続きを検討してください。

なお、相続人の生死が不明な場合には、家庭裁判所に財産管理人の選任を請求し、財産管理人が参加した遺産分割協議成立についての許可を求めます。

遺産を取得させたくない場合

Q40 私が死亡すれば、妻と弟が相続人ですが、弟は、怪しい団体に所属しており、何年も前から関係を断っています。私が生きているうちに相続人から廃除することは可能でしょうか。

A 推定相続人の廃除は、<u>遺留分</u>のある相続人に対してのみ行うことができます。したがって、遺留分のない兄弟姉妹を推定相続人から廃除することはできません。弟に遺産を取得させたくなければ、「全財産を妻に相続させる」という遺言書を作成してください。遺留分のない兄弟姉妹は、たとえ全遺産が第三者に遺贈されようと、その遺言書が無効でない限り、遺産を取得することはできません。

相続人が遺産を取得できない場合

▶<u>相続人の廃除</u>があった場合、<u>相続欠格事由</u>に該当した場合、他の者にすべて<u>遺贈</u>された場合、相続分を超える<u>特別受益</u>である生前贈与を受けたため遺産の取得をしない場合、自ら相続を放棄した場合など

Explanation

第三順位の血族相続人である兄弟姉妹以外には、相続人に留保されるべき相続についての権利の割合として定められた遺留分があります。遺留分を有する相続人のうち遺産を取得させたくない者がいる場合、その者が廃除事由に該当すれば、生前に、又は遺言で相続人の廃除をすることができますが、正当な事由なしでの廃除は認められません。

■廃除について

遺留分を有する推定相続人に対しては、その推定相続人が被相続人に対して虐待をし、もしくはこれに重大な侮辱を加えたとき、又は推定相続人にその他の著しい非行があったときは、被相続人は、その推定相続人の廃除を家庭裁判所に請求することができます。廃除は相続権を失わせて、遺留分も主

張できなくさせるためのものですが、第三順位の相続人である兄弟姉妹には、遺留分はありませんので廃除はできません。推定相続人の廃除が生前になされている場合は、家庭裁判所の審判の確定または調停の成立により廃除された者は相続権を失い、市役所に提出された「推定相続人廃除届」により廃除事項が戸籍に記載されますので、その者は相続人ではないことが明らかになります。その者に子がいれば、その子は廃除された者を代襲して相続人となります。廃除された者の子が未成年の場合は、子が相続した財産を、相続権を廃除された親が勝手に処分する可能性もあります。そのため、財産管理権喪失や親権喪失の申立てをすることを検討してください。

　廃除も、そしてその取消しも遺言によることができます。遺言による場合、遺言執行者が家庭裁判所に申し立てることになり、廃除が確定するかどうかで、相続人に変動が生じます。また、その確定に時間を要することになります。相続税の申告期限までに廃除が確定しない場合は、廃除がないものとして期限内申告書を提出し、その後の確定により、期限後申告又は修正申告、あるいは更正の請求と、各人それぞれの是正手続きをとります。ただし、推定相続人の廃除は慎重に審議されるので廃除が認められるケースはあまり多くないようです。遺言書には、廃除事由をできるだけ詳しく記載しておいてください。

■**遺言について**

　遺言書は、自筆証書による方法と公正証書による方法がありますが、「全財産を配偶者○○に相続させる」という単純な内容そして簡単な文言であれば自筆証書でも問題なく作成できると思われます（Q46参照）。遺言書の存在と保管場所を明確にしておきましょう。相続人は、相続開始後に家庭裁判所での検認を済ませてください。

【補　足】

　相続人の廃除も欠格も代襲相続の原因となり、それらの者の子らが代襲して相続人になることができます。欠格事由該当者は、遺贈財産も取得できませんが、廃除された者は、遺贈財産の取得はできます。

胎児がいる場合の遺産分割

Q41 夫の死亡後に懐胎しているのがわかりました。遺産分割において、胎児がいる場合に注意すべき点を教えてください。

A 相続税では、胎児が申告期限までに出生していれば相続人になれますが、出生していなければ相続人にカウントしないで申告します。胎児出生前に胎児の相続放棄や遺産分割協議はできません。胎児が出生すれば、胎児と親権者であるあなたとは、相続について利益相反がありますので、胎児のために特別代理人の選任が必要です。相続税の計算において胎児は未成年者控除の適用があります。未成年者控除額は、以前は、6万円にその未成年者が20歳に達するまでの年数を乗じて計算するため、胎児の控除額は120万円でしたが、平成27年1月1日以後の相続開始から、1年当たりの「6万円」が「10万円」に改正されたため、200万円となりました。

　<u>未成年者控除</u>と<u>障害者控除</u>は他の税額控除と異なり、その控除額が未成年者又は障害者本人の相続税額を超える場合には、その超える部分の金額は、<u>扶養義務者</u>から控除することができることとなっています。したがって、胎児や幼少の子及び障害者がわずかでも遺産を取得すれば、控除不足額を他の相続人から控除できるので、これらの者に全く取得させない遺産分割は得策ではありません。

申告期限までに出生していない場合

▶胎児は相続人になれる。ただし、相続税では相続税の申告期限までに出生していなければ相続人として扱わない。その場合、遺産は未分割として申告する。
▶出生すれば、相続税の計算をやり直すことができる。

Explanation

　民法第886条では、「胎児は、相続については、既に生まれたものとみなす。」

と、死亡して生まれた場合を除いて、胎児に相続や代襲相続の権利を認めています。遺産分割協議は、胎児が出生してから行います。申告期限まで10か月ありますが、胎児が出生したとしても申告期限まで日数がないような場合は、遺産分割協議を成立させるのが困難であるかもしれません。その場合は、相続税法第55条の未分割財産の規定に従って、共同相続人の特別受益である生前贈与や遺贈財産を考慮した民法第903条の相続分により相続税の課税価格を計算して申告します。その後、胎児が無事出生すれば、相続人や法定相続人の数に異動が生じることになります。相続人の順位が変わることもあります。胎児の特別代理人を含めての遺産分割協議の成立により、当初の課税価格に異動を生じることとなるでしょう。このため、相続税法に期限後申告、修正申告、更正請求の特則規定が設けられています。胎児自身の申告は、法定代理人がその胎児が生まれたことを知った日の翌日から10か月以内であればよいのですが、他の相続人等についても、申告書の提出期限が胎児出生後1か月以内に到来するときは、これらの者の申請に基づき、胎児の出生を知った日から2か月の範囲内で期限を延長することができるとされています。また、胎児が産まれることにより、相続人の数が増えるため基礎控除が増加するなどの事由で、遺産を取得したすべての者の相続税額が生じないということが見込まれる場合は、申請することにより、胎児が産まれた日から2か月までの範囲で申告書の提出期限を延ばしてもらうことができます。

【補　足】
　他の相続人が、胎児抜きでの相続登記により、持分の処分をすることを懸念する場合は、胎児が生まれる前かつ遺産分割協議が成立する前であっても、相続人名を「亡何某妻何某胎児」として法定相続分での登記は可能です。
　未成年者が2人以上で、親権者と相続について利益相反がある場合は、未成年者ごとに、それぞれ特別代理人の選任が必要です。
　未成年者控除は、原則として一度適用すると2度目以降の相続での適用はありません。しかし、1度目の相続が平成26年以前の場合には、現行税制のもとで計算した控除額を受けきれていないため、その控除不足額は平成27年以降の相続の際、未成年であれば控除できます。

財産と借金が同額程度と想定される場合

Q42 父の遺産は不動産もあるのですが、新規事業立上げのための借入金が多額にあり、父の死亡後その事業も頓挫してしまいました。遺産の取得よりも借入金の返済が気がかりです。

A 相続の放棄は遺産の取得ができない反面、絶対的にマイナスの財産のほうが多い場合は、債務を承継しない確実な方法です。しかし、放棄とその事情を次順位の相続人に知らせておかなければ迷惑をかけることにもなりかねません。

財産と借金が同額程度であれば、財産を相続して、その財産を譲渡して借金の返済に充てればいいのですが、その場合、値上がり益についての所得税及び住民税は相続人の負担になってしまいます。つまり、相続（単純承認）によって、相続人自身の固有財産の持ち出しが生じてしまうのです。

限定承認をすれば、被相続人が財産を時価で譲渡したことになるので、譲渡の税金は被相続人の債務となり、プラスの財産で賄いきれない債務を相続人が負担する必要はなく、住民税の課税もありません。また、どうしても相続したい財産は、相続人が優先的に買い取ることができます。マイナスの財産が多いと予想される場合は、限定承認するかどうか検討の余地があります。限定承認は、相続人全員（相続を放棄する者を除く）で決定しなければなりませんので、早いうちから準備が必要で、手続き上の問題で利用されるケースが少ないのが現状です。

限定承認の活用を阻む要因

▶相続人全員で3か月以内（伸長あり）に家裁への申述、財産目録の提出
▶公告及び催告、原則として競売手続き等が必要
▶4か月以内に譲渡所得についての準確定申告が必要

Explanation

「相続人は、相続によって得た財産の限度においてのみ被相続人の債務及び遺贈を弁済すべきことを留保して、相続の承認をすることができる。」が民法第922条の限定承認についての規定です。

■限定承認の効果

限定承認をすれば、相続人が被相続人の債務を承継する義務は、プラスの財産を限度とするという有限責任となります。その相続債務を保証している者がいる場には、その保証人としての責任が消滅するわけではありませんので、被相続人の借金を相続人が保証している場合には、限定承認により切り捨てられた債務の弁済を強いられることになります。

■限定承認の手続き

限定承認をするには、自己のために相続の開始があったことを知った時から3か月以内（以下、熟慮期間（伸長の申立ては可能）という）に、相続財産の目録を作成して、相続人（包括受遺者を含む）が複数いる場合は、相続人全員が共同してその目録を添付して、家庭裁判所に申述します。1人でも限定承認に反対する相続人がいれば限定承認はできません。限定承認した後、5日以内にすべての相続債権者及び受遺者に対して、限定承認したこと及び2か月を下らない期間を定めて、その期間内に請求の申し出をすべき旨を官報に公告しなければなりません。公告期間満了後に、申し出をした債権者等に債権額の割合に応じて弁済します。なお、債務の支払いのために不動産を譲渡する場合は、原則として、競売によることになります。

【補　足】

限定承認の手続きに手間どったからといって、そのことが所得税の準確定申告期限を延長する正当事由には該当しませんので、期限を過ぎての申告は無申告加算税及び延滞税が課せられます。

換価分割と限定承認の税負担の相違

Q43 相続財産をすべて譲渡して、債務弁済後の譲渡代金を遺産分割の対象にしようと考えていますが、相続開始から間もないので、限定承認をしたほうが有利ではないかとのアドバイスを受けました。

A 限定承認（Q42参照）は、被相続人の財産が債務超過又は債務の額の確定に時間を要するため相続財産を超える債務の存在があるかもしれないというリスクに備えるといった場合に利用されることが多いですが、それ以外の場合でも限定承認を申述することが可能です。換価分割（Q5参照）は実際に譲渡しますが、限定承認の場合は、相続債務が少なく資産を譲渡する必要がない場合でも、すべての譲渡所得の基因となる資産を時価で譲渡したものとみなして所得税の課税が行われます。そして、その課税される所得は被相続人の譲渡所得となるため、相続税の計算上、その所得税を債務控除することができます。また、その後に実際に相続人が相続財産を譲渡した場合には、既にキャピタルゲインに対する譲渡所得については、被相続人に課税済みのため、相続人は相続開始時から譲渡時までに発生した値上がり益があった場合にのみ譲渡所得が生じることになります。キャピタルゲインが多大に生じている相続財産が多い場合は、限定承認が有利であると考えられますが、相続財産が多額でそれらの財産のキャピタルゲインがさほどでもない場合は、換価分割により譲渡所得の計算において<u>取得費加算</u>を適用したほうがいいでしょう。限定承認には、申し出の期限と面倒な手続きが必要であることも考慮してください。

譲渡所得について

- ▶相続財産についてのキャピタルゲイン課税
  換価分割は相続人負担、限定承認は被相続人負担
- ▶取得費加算は換価分割に適用可
- ▶譲渡所得税の債務控除は限定承認に適用可

Explanation

　換価分割の場合と、相続について限定承認した場合の差異は、以下の通りです。

■譲渡所得

　限定承認の場合、相続財産に土地や株式等の含み益のあるものが存在するときは、限定承認の申述が受理された時点で被相続人が時価で譲渡したものとみなされるので、まず、譲渡所得の基因となる資産を把握します。生活に通常必要な資産は非課税です。譲渡所得の収入金額は、相続税評価額ではなく相続開始時の時価（通常の取引価額）であり、相続開始時の市場価額が明確な上場株式などの資産は別として、貸ビルや借地権などの不動産については、所得税の準確定申告期限までに競売が実行された場合を除き、時価の算定が問題となります。また、相続人が譲渡したことにはならないので、相続税額の納付があると予想される場合でも、所得税の計算上、取得費加算はありません。被相続人の準確定申告書に添付する付表に限定承認の旨を記載します。被相続人が譲渡したことになるので、住民税は課税されません。

　換価分割の場合は、相続税額の取得費加算を適用して相続人の所得とし、換価代金の取得割合で所得税の申告をしますが、取得割合が決まっていないときは、法定相続分により申告し、その後の換価代金の分割により取得割合が法定相続分と異なることとなっても更正請求等はできません。各相続人は、所得税の申告内容に応じて住民税の納付義務を負います。

■相続税の申告

　限定承認は、債務超過が明らかであることが確定した場合に限って選択するわけではありません。債務の額が多くても、弁済後に相続財産が残る場合があります。その場合は、その財産について遺産分割協議を行います。また、生命保険金や退職手当金などのみなし財産を取得している者がいる場合、又は相続時精算課税贈与を受けた者がいる場合、あるいは相続開始前3年以内に暦年課税贈与を受けた者がいる場合には、それらの者が取得したみなし財

産や贈与財産は相続税の課税財産となりますので、課税価格の合計額が基礎控除額を超え、相続税の申告が必要となることがあります。限定承認の場合でも、相続税の計算は通常と基本的には変わりません。譲渡所得は、資産を時価で計算しましたが、相続税は相続税評価額で計算します。単純承認と異なるのは、その課税財産の価額から譲渡所得税を控除することです。

　換価分割の場合において、遺産分割協議で定めた換価代金の取得割合又は換価代金についての取り決めがなく、相続財産を法定相続分で取得する旨が定められている時は、法定相続分で取得したものとして申告します。協議が整っていない場合は、相続税法第55条の未分割財産の課税の規定に従って申告します。

■相続人が相続財産を譲渡した場合

　相続又は遺贈により取得した財産を譲渡した場合には、被相続人の取得時期及び取得費を引き継ぐこととされており、キャピタルゲインについての税金は相続人負担となりますが、限定承認による相続の場合は、被相続人の死亡時にキャピタルゲイン課税を済ませたことになるので、相続人は相続財産を譲渡した場合において、被相続人の死亡時における時価を取得費として譲渡所得を計算することになります。相続開始時から譲渡時までに値上がりしている場合には、その値上がり部分についての所得税課税で済みます。

　限定承認ではない場合は、申告期限から3年以内の譲渡の場合には、その譲渡財産に対して課せられた相続税を譲渡所得の計算上、取得費に加算できますが、その期間を経過してしまうと支払った相続税を利用できる場面はありません。1億円で相続税課税された財産を譲渡して、また1億円が譲渡所得の課税を受けることもあります。相続税で課税された金額と、その財産の取得費とは一切関係しないからです。

　限定承認による相続でない場合には、換価分割に限らず、相続財産を譲渡したとき、例えば、Aが死亡して相続により相続人Bが不動産を取得し、その後、Bがこの不動産を他に1億円で売却した（Aの保有期間中の増加益が2000万円、Bの保有期間中の増加益は1000万円）場合において、Bは増加

益3000万円について譲渡所得が課税されます。そこで、被相続人Aの保有期間中の増加益2000万円については既に相続税の課税対象となっているため、これに所得税を課すると二重課税になるのではという疑問が生じます。しかし、相続遺贈又は個人からの贈与により取得するものは、所得税は非課税と規定する所得税法第9条により所得税を課することができない旨を訴えた納税者の主張は、近年の判決において退けられています。

【補　足】
　限定承認は被相続人から一旦相続人へ譲渡したうえでの競売となるので、相続人が別生計の兄弟でない限り、居住用財産を譲渡した場合の譲渡所得の特例はありません。
　限定承認の場合には、積極財産の金額を超えて債務を弁済する義務を負わないこととされているため、相続税の課税価格の計算上、相続人が取得したみなし財産たる生命保険金や退職手当金等の額から、本来の相続財産の価額を超える部分の債務の金額を控除することはできません。
　被相続人の限定承認に係る譲渡所得について、準確定申告期限が相続の開始があったことを知った日の翌日から4か月以内となっていますので、限定承認から所得税の申告書の提出期限まで余裕がありません。熟慮期間は相続の開始から3か月ですが、申立てにより伸長した場合などは申告期限が早く到来することもあり、所得税の申告が実務的に困難な場合が多いのです。過去の裁判で、限定承認によりみなし譲渡所得の修正申告について延滞税が課税された相続人が、準確定申告の法定納期限は、家庭裁判所から限定承認についての申述受理の審判の告知があった日から起算すべきであり、その日から4か月を経過するまでの期間に係る延滞税の納税義務はないと主張しました。しかし、裁判所は、熟慮期間伸長の手続きにより法定納期限後に限定承認の申述受理がなされることになったとしても、それは相続人が自ら選択した結果で、そのことにより延滞税が課せられたとしてもやむを得ないという判決を下しています。

3か月を過ぎての相続放棄

Q44 1年以上前に死んだ兄の債権者から、借金の取立てをされて困っています。兄の相続人であるはずの一人息子が相続を放棄したために、私が相続人となったそうです。遺産もないのに債務を負担しなければなりませんか。

A 相続を放棄すれば、初めから相続人とならなかったものとみなされますので、被相続人の債務を負担する義務も負いません。被相続人の一切の権利義務の承継を拒否する行為が相続の放棄です。

相続の放棄は、通常は相続の開始から3か月以内に家庭裁判所に申述しなければなりません。しかし、借金の督促をされたことにより、自分が相続人であることやお兄さんの資産や負債の存在を知ったのであれば、相続の開始から3か月を過ぎていても相続を放棄することができます。

放棄が認められる場合

▶死亡から3か月以内でなくても、相続財産が全くないと信じ、かつそのように信じたことに相当な理由があるときなどは、相続財産の全部又は一部の存在を認識した時から3か月以内に申述すれば、相続の放棄が受理される。

Explanation

相続の放棄は、熟慮期間内に被相続人の住所地を管轄する家庭裁判所に申述しなければなりません。熟慮期間とは、「自己のために相続のあったことを知った時から3か月以内」と定められているので、被相続人の死亡から3か月を過ぎていても、相続の放棄が可能な場合があります。

過去の最高裁の判決（昭和59年4月27日）でも、「相続放棄をしなかったのが被相続人に相続財産が全くないと信じたためであり、かつ、被相続人の生活歴、被相続人と相続人との間の交際状態その他諸般の状況からみて当

該相続人に相続財産の有無の調査を期待することが著しく困難な事情があって、相続人においてそのように信ずるについて相当な理由があると認められるときは、熟慮期間は相続財産の全部又は一部の存在を認識した時又は通常これを認識し得べき時から起算すべきである」という判断が下されています。

　3か月を過ぎてから相続を放棄した者であっても、債権者に対して「相続放棄申述受理通知書」(注1)又は「相続放棄申述受理証明書」(注2)を提示して、その返済義務のないことを主張できます。しかし、債権者側が、「その相続を放棄した者は、被相続人死亡時に被相続人に多額の負債があることを明らかに知っていた」あるいは「その者は相続財産を処分していた」などということを証明できれば、その相続放棄の無効を裁判（訴訟）で主張することができますので、相続放棄が認められたことをもって、債務の負担を免れたことにはなりません。家庭裁判所においては、熟慮期間の起算日について詳細に調査をするわけではなく、形式的な要件が整っていれば相続放棄の申述を認めることが多いからです。

（注1）相続の放棄が認められた場合に送付されます。
　　　　再発行はしてもらえませんので、原本は保管しておいてください。
（注2）費用さえ支払えば、何枚でも発行してもらえます。

【補　足】
　相続を放棄しても、遺贈財産の取得はできます。民法上の相続財産ではない、相続税法上の擬制財産（みなし財産）である生命保険金や退職手当金を取得することもあります。これらの財産の取得により相続税が課税される場合には、相続を放棄した者は相続人に適用がある以下の優遇規定を受けられないので注意してください。なお、被相続人の相続開始前に相続の事前放棄はできません。
　＊生命保険金又は退職手当金の非課税
　＊相次相続控除
　＊債務控除（葬式費用に限っては、実際に負担していれば控除できる）
　＊立木を取得した場合の評価減
　＊代襲相続人である孫の相続税額の加算の不適用
　＊農地等を取得した場合の相続税の納税猶予

簡便な相続放棄

Q45 自宅を遺贈され、死亡保険金も私が受取人となっていたため、相続人である兄弟たちから相続を放棄してほしいといわれていますが、どうすればいいでしょうか。

A 相続を放棄しても遺贈により財産の取得はできます。また、みなし財産として相続税が課税される生命保険金や退職手当金は、契約や退職給与規定に基づき支給されるもので、相続の放棄の有無とは無関係で、相続人でなくても取得できます。しかし、その生命保険金や退職手当金についての非課税は、相続を放棄した者は適用できません。そして非課税金額分だけ課税価格の合計額が増え、結果的に他の共同相続人の相続税額も増加させることとなります。正式な相続放棄ではなく、事実上の相続放棄をお勧めします。ただし、この簡便な事実上の相続放棄では、債権者の同意が得られない限り、被相続人の債務について相続分相当でその責めを負います。正式な手続きによって放棄した場合は、債務は承継しません。しかし、熟慮期間内でも相続の放棄の撤回はできませんので検討が必要です。

事実上の相続放棄を証する書類

▶遺産分割協議書・・・・財産を取得しないことを定める
▶特別受益証明書・・・・相続分相当の特別受益を受けていた場合に作成する
▶相続分譲渡証明書・・・他の相続人に自己の相続分を譲渡する

Explanation

単に遺産を取得しないことを「放棄」と表現されることがあるようですが、これは正式な相続放棄ではありません。相続の放棄は、被相続人の住所地を所轄する家庭裁判所に「相続放棄申述書」を提出し、「相続放棄申述受理通知書」の送付を受けなければ有効にはなりません。しかし、正式な放棄の手続きをとらなくても事実上「放棄」に近い効果が得られる次の方法がありま

す。ただし、正式な放棄ではありませんので、債権者には対抗できません。

■遺産分割協議書

　遺産分割協議で、財産を取得しないことを定めます。その際、債務の負担をしないことも協議できますが、相続人間では有効でも、債権者にはそのことを主張できません。

■特別受益証明書（相続分不存在証明書）

　被相続人からすでに生前に相続分相当の財産の分与を受けたため相続する相続分がない旨を記載します。相続人が2名であっても一方の相続人が作成したこの書により、もう一方の相続人が単独ですべての遺産を相続することができます。この証明書は、不動産の相続登記にも利用されています。ただし、税務申告添付資料としては利用できない場合があります。

■相続分譲渡証明書

　自己の相続分を譲渡すれば、譲渡者は遺産分割協議から離脱することができます。この場合に相続分譲渡証明書を作成します。相続人に無償で譲渡した場合は、その譲渡を受けた相続人が相続で財産を取得するのと同じように相続税課税されるだけです。しかし、相続人以外の第三者に譲渡した場合は、相続税課税のみならず、無償での譲渡は贈与税、有償での譲渡は所得税の課税について注意が必要です。また、債権者に対して、譲受人の免責的債務引受についての同意を得るようにしましょう。

【補　足】

　特別受益証明書（相続分不存在証明書）は、相続税の配偶者に対する相続税額の軽減の規定を適用する場合に必要とされる提出書類である「財産の取得の状況を証する書類」の代用としては利用できません。ただし、その証明書が事実に基づくもので、その事実が客観的に確認できる書類として特別受益財産の明細書とその各財産が相続人に名義変更されたことが確認できる書類を提出すれば認められます。

複数の遺言書

Q46 父が死亡し、金庫や仏壇から公正証書遺言1通と自筆証書遺言3通が出てきました。生前に処分してしまった不動産が遺贈財産として記載されています。この場合、公正証書遺言が有効になるのでしょうか。受遺者が先に亡くなっていた場合は、その相続人が取得できますか。

A 自筆証書遺言または公正証書遺言にかかわらず、複数の遺言書が存在し、先の遺言内容に抵触する場合は、抵触する部分については最終の遺言書が有効です。つまり、最新の日付のものが優先されます。遺言の方式による優先順位は一切ありません。後の遺言で前の遺言内容を取消し又は撤回したとみなされます。また、被相続人が遺贈の目的物である財産を処分したということは、その時点で、その財産についての遺言を撤回したと考えられるので、別の代替財産を取得することはありません。同じく、遺贈を受ける者が遺贈者よりも先に死亡している場合も特段の事情がない限り、その受遺者の相続人がその遺贈を引き継ぐことはなく、その内容に係る部分の遺言は失効します。

遺言書の優劣

- ▶公正証書遺言、自筆証書遺言に優劣はない
- ▶日付を確認、後の遺言内容が効力をもつ
- ▶自筆証書遺言は、必ず検認を受けること

Explanation

遺言は、作成者の意思を尊重するものですが、後で争いにならないような配慮が必要です。公正証書遺言でも自筆証書遺言でもその後に新しい遺言書で違う内容を記載すれば、その新しい遺言の内容が有効になります。したがって、自筆証書遺言は作成日付のないものは無効です。また、自筆証書遺言の

場合は、必ず家庭裁判所での検認手続きを要します。封印してある場合は勝手に開封すれば法律違反になります。自筆証書遺言は、全文を自書して作成日付を記載し自署押印するだけで、費用がかからず簡便に作成できますが、様式違反、遺言者の意図が不明、財産の特定ができないなどで、後日相続人と受遺者間でトラブルになるケースも少なくありません。公正証書遺言の内容を自筆証書遺言で変更した場合などは、遺族がその新しい遺言書の存在に気づかずに、元の遺言を執行してしまうこともあります。自筆証書遺言は、その所在を家族に話しておくようにしましょう。

　同居している長男に自宅を相続させる旨の遺言があり、その長男が先に死亡していた場合には、代襲相続人であるその長男の子が遺贈を引き継ぐことにはなりません。長男一家に自宅を引き継がせたいのであれば、長男が死亡した際に遺言書を改めて作成するか、又は受遺者である長男が先に死亡した場合は長男の子に遺贈する旨を遺言書に記載しておいてください。なお、被相続人死亡後に受遺者が遺贈の放棄の意思を明らかにしない間に亡くなったときは、その受遺者の相続人が遺贈を受けるかどうかを決めることができます。

　ところで、最終の遺言書が有効であるといっても、作成当時の遺言者の意思能力などが争われる場合もあります。また、後の遺言内容に抵触しない部分は前の遺言書も有効です。公正証書以外の遺言書は、すべての遺言書について検認手続きを受けておいてください。また、遺言書の破棄は、相続欠格事由に該当します。前に作成された遺言書は、後の遺言書があるから不要だと考えて安易に破棄などすることのないよう注意してください。

【補　足】
　公正証書遺言は、証人（法定相続人以外の者）2人以上と公証人の面前で遺言内容を確認したうえで作成されます。公証人が作成するので記載事項に不備がない、検認手続きが不要、遺言書原本が保管される、遺言執行者の指定があるため死後の履行が確実などの長所がありますが、作成費用などのコストがかかります。公正証書遺言の場合は、相続人等が最寄りの公証役場で遺言書の存在を検索システムで調べることができます。

遺言の有効性

Q47 私は祖母と亡父の養子縁組前に生まれており祖母の法定相続人ではありませんが、祖母は私に全財産を与えるという公正証書遺言を作成してくれました。ところが祖母の死亡後、祖母の甥が「甥に全財産を与える」と書かれた祖母の自筆の遺言書をもってきました。検認も済ませています。死亡前のかなり痴呆が進んで施設に入っていた時期に書かれているので、本人の意思で書いたかどうか疑問です。

A 遺言書は自筆証書遺言又は公正証書遺言にかかわらず最後に作成されたものが有効です。しかし、その遺言書作成時におばあさんに遺言能力があったかどうかが問題で、遺言能力がなかった場合はその遺言は無効となります。無効を主張するためには遺言無効確認の調停を申し立てますが、その決着には相当の期間を要します。そこで、期限内申告書は争いがないものとして甥が提出します。その後に遺言書が無効であると確定すれば、あなたは相続税の期限後申告書を提出することができます。相続税法施行令に「相続若しくは遺贈又は贈与により取得した財産についての権利の帰属に関する訴えについての判決があったこと」は、相続税法の特則規定による期限後申告の事由とされているため、この期限後申告書の提出による無申告加算税は課せられず、申告書提出までに納付すれば延滞税もかかりません。期限内申告書を提出した甥は、相続税の還付を受けるために更正の請求をすることができます。この更正の請求は国税通則法23条2項の後発事由に該当しますので、申告期限から5年以内、5年を過ぎていても判決確定日の翌日から2か月以内に請求することができます。

遺言書が無効となるケース
▶方式違反、偽造、意思能力の欠如、詐欺や脅迫による作成などがある

遺産の取得（遺贈・遺産分割）

Explanation

　遺言は民法で行為能力の規定が適用されず、被保佐人、被補助人、15歳に達した未成年者は単独で遺言をすることができます。成年被後見人が遺言する場合は医師2名以上が立ち会い、遺言をした時に意思能力が回復していたことを遺言書に付記して署名押印します。また、これらの者でなくとも遺言書作成時に意思能力が必要です。意思能力とは、自己の意思で遺言内容を決定し、その内容がもたらす結果を弁識する判断能力で、意思能力がなかったと判断されればその遺言書は無効となります。遺言書が有効か無効かの争いは公正証書遺言でも自筆証書遺言でも生じます。遺言書が無効と思われる場合は家庭裁判所に遺言無効の調停を申し立て、調停も成立せず審判も下されない場合には地方裁判所に遺言無効確認の訴えを起こすことになります。

　遺言が無効かどうかの争いは、無効を主張する側が立証責任、すなわち遺言者に意思能力が欠如していたことを証明しなければなりません。遺言自筆証書の家庭裁判所の検認は、有効無効を判断するものではありません。相続人に対し遺言の存在と内容を知らせ、検認日における遺言書の内容を明確にして、後に改ざんされるのを防ぐための手続きです。公正証書遺言は、遺言書作成時に公証人が関与しますが、遺言者と接する短時間に意思能力の有無を誤りなく判断することは困難です。裁判所は認知症の程度を検討し、遺言内容がその認知症の程度からみて妥当なものか、内容が遺言者の生活や言動と矛盾していないか、そして従前の遺言書と比べて内容の相違の程度及び相違点などを総合的に判断しますので、決着がつくまでにはかなりの期間を要するのが一般的です。

　本事案は、いずれの遺贈も全部包括遺贈でしたが、仮に後の遺贈が甥に現金1000万円を与えるといった内容であれば、抵触した部分についてのみ前の遺言が無効となるため、1000万円以外は相談者が取得することになります。しかし、本事案は甥に対して全財産を遺贈するといった内容のため、後の遺言書が有効とされれば相談者は一切財産を取得することはできません。

生前に遺贈者と養子縁組をしておけば、後の遺言が有効となっても遺留分については取得可能でした。

自筆証書遺言は、全文自書が要求され、加除や誤記載の場合の訂正方法も厳格に定められており、通常はそれに従わなければ効力を生じません。ワープロ記載、テープレコーダー録音、日付印使用、日付で吉日記載などは無効とされた判例があります。そして、必ず家庭裁判所での検認を済ませなければなりません。封印してある場合に勝手に開封すれば5万円以下の罰金が科せられます。

【補 足】
■自筆証書遺言は、要式違反、内容不明確、自筆かどうか、作成時の意思能力などについて争われることが多いのですが、遺言書の様式が整っていなかった場合でも、死因贈与契約書として認めた判決もあります。生前に被相続人が受遺者に遺言書を手渡しており、当事者の間に遺言内容と同じ死因贈与契約が成立していたとしたものです。
■実務的には、設問のケースのような場合で、施設に入居しており、当時遺言ができるような意思能力を有していなかったとヘルパーさんや主治医の証言が得られるような場合は、その当時作成された最後の遺言書を無視して、前の遺言書に基づいて、前の遺言書における受遺者が期限内申告書を提出することがあります。というのも、裁判上の和解又は訴訟が決着したことにより、最後の遺言書が無効となり、その判決書に基づいて前の遺言における受遺者が申告書を提出することになれば、その期限後申告又は修正申告についての附帯税は課せられないのですが、もし、無効となる確率が高いと考え、最後の遺言における受遺者が期限内申告書を提出せず、正式な争いなく内々の和解で受遺者同志が納得したような場合、前の遺言書における受遺者が提出をする期限を過ぎての申告について、結果的に無申告加算税や延滞税が課せられてしまうことになるからです。
■一方は、遺言に基づき相続税の申告をし、もう一方も、判決で遺言無効が確定していないのに遺言無効を前提に相続税の申告をした場合においては、二重課税の状態が生じることになります。しかし、税務署長が遺言の有効性につき、当事者が裁判所に提出した資料又は調査で収集した資料をもとに、独自に事実認定を行い、適切な課税処分をすることはかなり困難です。そこで訴訟終結が近いと見込まれる場合は、その結着を待って課税処分が行われることが多いの

遺産の取得（遺贈・遺産分割）

です。両者とも無申告であれば、過去の裁決によると、税務署長は遺言が適法であるものとして課税処分（決定）を下すことになります。裁判が確定するまで待つことにより、時効で課税できなくなってしまうことを避けるためです。

■自筆証書遺言

- 一字一句すべて自筆により作成すること
  文書の追加・削除又は変更は、遺言者がその場所を明記し、変更等した旨を付記及び署名し、かつ、その変更等の場所に印を押さなければならない。できれば、最初から正確に書き直した方がよい。
- 必ず日付を記載すること・・・作成日が特定できなければ無効
- 署名押印すること・・・・・・氏名は正確に、なるべく実印
- 封筒記載（封筒に入れること及び封印するかどうかは任意）
  表に遺言書（開封しないで家庭裁判所の検認を受けること）と記載する。遺言書で用いた印で封印する。日付、遺言者の住所氏名を記載する。
- 相続人に保管場所を知らせておく又は遺言執行者に預けておく

■公正証書遺言

- 証人2人の立ち会いが必要
  1人が途中で立会いから離れたときは方式違反で無効。
- 証人は2名とも証人欠格に該当しないこと
  1人でも該当すれば無効。
- 証人になれない者・・未成年者、推定相続人及び受遺者並びにこれらの者の配偶者及び直系血族、公証人の配偶者、4親等内の親族、使用人。

法人に対する遺贈

Q48 遺言で私が代表を務めていた法人に、社屋の敷地として賃貸している土地を遺贈しようと考えています。法人への遺贈は可能でしょうか。また、その場合の課税はどうなりますか。

A 法人への遺贈は可能です。そして、その遺贈財産は相続税の課税財産から外れることになります。しかし、その法人が一定の公益法人でない限り、遺贈を受けた法人は、その遺贈による利益が受贈益として欠損金と相殺できる場合を除き、法人税が課税されます。また、遺贈は被相続人が時価で譲渡したものとして所得税課税がなされるため、その法人が一定の公益法人でない限り、相続人が被相続人の所得税の申告（「準確定申告」という）をして所得税を納付しなければなりません。もちろん納税額は債務控除の対象となります。なお、生前に贈与した場合と異なり、住民税はかかりません。

注意しなければならないのは相続税についてです。遺贈する法人が債務超過のためその土地の遺贈が株式評価に影響を及ぼさない場合には問題はないのですが、そうでなければその土地の遺贈は法人の純資産価額を増加させることとなるため、1株当たりの株式の評価額が高くなり、高くなった部分の金額は「その他の利益の享受」として法人の株主が遺贈により取得したものとみなされて相続税が課税されます。相続人以外の株主がいる場合においてその者が有する株式を<u>配当還元価額</u>で評価できないときには、株主も相続税の課税を受けることになります。また、その遺贈が相続人の遺留分を侵害している場合には、法人に対する遺贈であっても<u>遺留分減殺請求</u>の対象になります。

考慮すべき課税
- ▶被相続人・・・・譲渡所得（相続人に準確定申告義務）
- ▶法人・・・・・受贈益が法人税課税
- ▶株主・・・・・株式価値増加額について相続税課税

遺産の取得（遺贈・遺産分割）

Explanation

　同族株式の評価方式は特例的評価方式と原則的評価方式があります。特例的評価方式では、通常の評価は配当還元価額であるため法人の純資産価額の増減は株式の評価額に影響を及ぼしません。しかし、配当還元価額は、その株主が親族で30％以上の議決権を有する株主グループに属していない場合又は属していてもその株主自身は5％未満しか有していないなどの場合にしか採用できません。この割合は相続後の議決権で判断するので、代表者の親族が取得した株式の評価に配当還元価額を採用できるケースはあまりありません。原則的評価方式は、会社の規模により純資産価額又は類似業種比準価額あるいはその併用によるもので、類似業種比準価額は評価の要素に純資産も利益も取り込むため、いずれにしても財産の遺贈は株式評価額をアップさせます。

　被相続人の相続財産である当該株式は、財産遺贈後の高くなった評価額で相続税課税されますが、法人に遺贈した財産は個人に遺贈した場合と異なり相続税の課税はなく、財産の価値は株式の評価額に反映されるにとどまり、他の株主にその遺贈による利益が移転するので、その法人の株主に株式の価額が増加した金額を課税することにしているのです。

【補　足】
　個人が財産を無償で移転させた場合に時価で譲渡したものとみなされて所得税の課税を受けるのは、①法人に対する贈与又は遺贈、②法人に対する時価の2分の1未満の対価による譲渡、③相続人又は包括受遺者が限定承認（Q42、43参照）をした場合です。ただし、その法人が社会福祉法人などの特定の公益法人等の場合は、譲渡所得は非課税で寄付金控除の適用があります。財産の遺贈を受けた法人に対しても法人税課税もありません。しかし、その遺贈が被相続人の親族等の税負担を不当に減少させる結果となると認められる時は、その法人は個人とみなされ、相続税又は贈与税の納税義務者となります。

遺留分を侵害した遺贈

Q49 先妻に全財産を遺贈するという夫の遺言書が見つかりました。遺留分の減殺請求はどのようにすればいいのでしょうか。私が遺留分を放棄すれば、子供たちの遺留分が増えますか。

A 遺留分減殺請求権は、相続の開始そして遺留分を侵害している減殺すべき贈与又は遺贈があったことを知った時から1年以内に行使しなければなりません。遺留分減殺請求権は形成権ですので、権利者の意思表示により法律効果が生じ、遺留分侵害額に係る共有持分状態が発生することになります。その意思表示は、遺留分を侵害する者及び遺言執行者に対して通知します。配達証明付内容証明郵便などで早めの意思表示が必要です。また、「知った、知らない」にかかわらず、遺留分減殺請求権は相続開始の時から10年で時効によって消滅します。遺留分は、直系尊属のみが相続人の場合は3分の1、その他の場合は2分の1と定められており、この総体的遺留分を、権利者が2人以上の場合は、その割合に民法の相続分（遺言による指定相続分を除く）を乗じて計算した割合が個別的遺留分です。たとえば、相続人が配偶者と子供2人の場合、子の遺留分は、相対的遺留分である2分の1に法定相続分である4分の1を乗じた8分の1となります。遺留分を主張しない者がいたとしても他の相続人の遺留分が増えるわけではありません。相続税の申告書を提出する時までに減殺請求に基づく返還すべき、又は弁償すべき額が確定していないときは、先妻が全財産を取得したものとして申告書を提出します。

考慮すべき事項

- ▶遺留分を侵害した遺贈が直ちに無効となるわけではない
- ▶遺留分減殺請求による返還又は弁済額が確定するまでに長期間要することがある
- ▶受遺者は、価額弁済の場合はその資金が必要となり、更正の請求をしても直ちに相続税の還付があるわけではないので延納申請の検討も必要

遺産の取得（遺贈・遺産分割）

Explanation

　兄弟姉妹以外の相続人には遺留分があります。遺留分とは、相続人に留保されるべき相続についての権利の割合をいいます。ただし、遺留分の侵害があったときでも権利者が遺留分の減殺請求権を行使しなければ遺留分は取り戻せません。遺留分を侵害した贈与や遺贈は、法律上当然に無効となるわけではありません。遺留分権利者の遺留分減殺請求によりその遺留分を侵害する限度で効力を失います。遺留分減殺請求は、その意思表示により物権的効果は生じますが、返済又は価額弁償を受ける金額が決まらなければ相続税の計算をすることができないため、申告期限までにその額が定まっていない場合は、遺留分請求権を行使した者は、一部の遺産や生命保険金等のみなし財産及び被相続人から相続時精算課税による贈与財産を取得していない限り、相続税の期限内申告は不要です。額が確定すれば、税務署が決定するまでは、期限後申告書を提出することができ、その申告書の提出による無申告加算税は賦課されず、申告書の提出までに納税を済ませれば延滞税もかかりません。なお、財産を返還又は価額弁償した者は、相続税法特則規定に基づきその事由が生じたことを知った日の翌日から4月以内に限り更正の請求をすることができるので、遺留分減殺請求者が期限後申告又は修正申告をしなかった場合には、税務署長は、先の価額弁償した者からの更正の請求に基づき、価額弁償を受けた者に対し<u>更正又は決定</u>をすることとなります。

　ただし、実務的には、当事者間で相続税相当額の精算も協議し、更正の請求をしないことも多いようです。

■遺留分算定の基礎となる財産
　被相続人が相続開始時に有していた財産の価額に特別受益である贈与財産の価額を加算した金額から、相続債務の金額を控除して求めます。

■遺留分侵害額
　遺留分算定の基礎となる財産額に個別的遺留分の割合を乗じた各相続人の遺留分額を求め、その金額からその者の特別受益額を控除し、相続財産と相

続債務を減算加算した金額が遺留分侵害額です（下図参照）。

■ 遺留分侵害額の計算（遺産２億円のうち１億２０００万円が遺贈されていた場合）

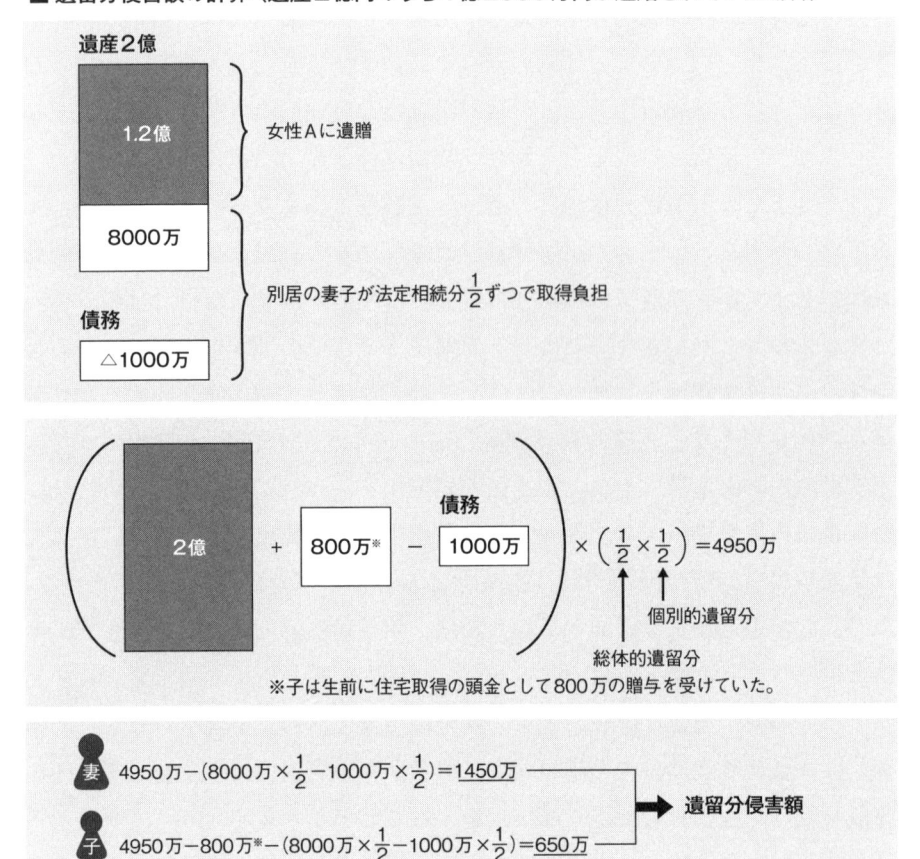

遺産２億
- 1.2億　｝女性Aに遺贈
- 8000万　｝別居の妻子が法定相続分 $\frac{1}{2}$ ずつで取得負担

債務
△1000万

$$\left(2億 + 800万^{※} - 1000万\right) \times \left(\frac{1}{2} \times \frac{1}{2}\right) = 4950万$$

　　　　　　　　　　　　　　　　　　　↑　　　↑
　　　　　　　　　　　　　　　　　　　　　　個別的遺留分
　　　　　　　　　　　　　　　　　総体的遺留分

※子は生前に住宅取得の頭金として800万の贈与を受けていた。

妻　$4950万 - (8000万 \times \frac{1}{2} - 1000万 \times \frac{1}{2}) = \underline{1450万}$

子　$4950万 - 800万^{※} - (8000万 \times \frac{1}{2} - 1000万 \times \frac{1}{2}) = \underline{650万}$

→ 遺留分侵害額

　遺留分は、民法第1044条により民法第903条の特別受益者の相続分の規定を準用しています。特別受益とは、遺贈、婚姻もしくは養子縁組のための贈与、生計の資本としての贈与をいいます。これらは、相続開始時に現状あるものとした場合の価額で遺留分の計算の基礎となる財産に含めて計算します。民法第1030条では、遺留分算定の基礎となる財産に加算する贈与財産は、当事者間で遺留分権利者に侵害を加えることを知って行った贈与でなければ、相続開始前の１年間にしたものに限るとしていますが、最高裁で、相続

人に対する贈与は特段の事情がない限り、民法第1030条の害意の要件を満たさなくても遺留分減殺の対象となるといった内容の判決が下されています。また、過去に贈与を受けた財産をすべて譲渡しており、相続開始時に所有していない場合でも相続開始時の時価で遺留分算定の基礎となる財産額を計算します。遺留分減殺請求行使期間は1年のため、遺言無効確認訴訟を提起している場合は、万一の敗訴に備えて、予備的に遺留分減殺請求の手続きをとることがあります。

【補　足】
■遺言による持ち戻し免除
　贈与財産を持ち戻さないという遺言をしても遺留分の計算では、効力がありません。
■遺留分権利者が死亡した場合
　その者の相続人が死亡した者の遺留分を主張することができます。
■遺留分の放棄
　相続開始後の遺留分の放棄は何の手続きも要しませんが、遺留分を有する相続人は、相続開始前に被相続人の住所地の家庭裁判所に申立てをし、許可を得て、あらかじめ遺留分を放棄することができます。
　遺留分の放棄は、他の共同相続人の遺留分を増加させることはありませんが、配偶者と子が相続人の場合などでは、配偶者が相続を放棄することにより、子の遺留分が増えることになります。

遺留分に関する民法特例

Q50 後継者である長男に、事業承継税制を利用して、私の所有する同族会社株式を全株贈与したいと思っています。将来、子供たちの間で遺留分についての争いが起こらないようにするにはどうすればいいでしょうか。

A 民法では、被相続人の生前における遺留分の放棄という制度を認めていますが、各相続人が自分で家庭裁判所に申し立てて許可を得なければならず、そして現状、その許可の基準が一律ではないため、必ずしも許可されるとは限りません。そこで、事業承継の円滑化のためにできた納税猶予の制度が遺留分規定により阻害されることを回避するために、一定の要件を満たす非上場会社の後継者が遺留分権利者全員との合意及び所要の手続き（経済産業大臣の確認、家庭裁判所の許可）を経ることで、生前贈与された自社株式の全部又は一部について、以下のような合意をすることができるという民法特例があります。

1. 除外合意

非上場株式を遺留分算定基礎財産から除外することができます。

2. 固定合意

非上場株式の遺留分算定基礎財産に算入する際の評価額をあらかじめ固定することができます。

また、上記合意の際に非上場株以外の財産についても、他の相続人が取得した贈与財産についても、遺留分算定基礎財産から除外するという合意ができます。

特例を受けるための手続き

▶ 後継者は、合意をした日から１か月以内に経済産業大臣に申請する
▶ 経済産業大臣の「確認書」の交付を受けた後継者は、確認を受けた日から１か月以内に家庭裁判所に申立てをし、許可を受ける

Explanation

　複数の相続人がいる場合、後継者に自社株をすべて取得させ、確固たる事業承継を図ったことが他の相続人の遺留分を侵害してしまうことがあります。また、弁償時の価額で遺留分額を算定するため、後継者の努力による株式の値上がり益が想定外の遺留分の減殺請求につながることもあります。円滑な事業承継を税制面で支えるために創設された非上場株式の取得について納税猶予の制度を有効に活用させるために、遺留分に関する民法特例ができました。民法特例を利用するためには、後継者を含む現経営者の推定相続人全員での合意に基づく合意書を作成しなければなりません。

　非上場株式等についての贈与税の納税猶予は、一定事由に該当しない限り、贈与を受けた特例受贈非上場株式等に係る贈与税の納税は猶予され、贈与者が死亡した場合には、その贈与税は届出書の提出により免除されますが、その贈与を受けた非上場株式等は贈与時の価額で相続税課税され、相続税の納税猶予の制度へ引き継がれるしくみになっています。

　非上場株式等の納税猶予の制度は、贈与税においても相続税においても適用が受けられる株式数に限度があります。後継者を税制上バックアップしてくれるのは、発行済株式総数の3分の2までの取得に限られます。発行済株式12万株で、その評価額が1億2000万円の場合は、贈与税の納税猶予の対象になる特例受贈非上場株式等に該当するのは、8万株の8000万円です。全株贈与すると、差額4000万円に贈与税の高税率が課せられることとなり多額の税負担が生じることになるのでその点を考慮して贈与してください。

【補　足】
　相続時精算課税を選択した場合、その贈与者からの贈与は、その後ずっと相続時精算課税贈与となり、撤回はできないこととされていますが、その贈与者からの贈与について相続時精算課税の適用を受けている場合でも、この納税猶予の適用を受ける特例受贈非上場株式等については、相続時精算課税の規定は適用しないで暦年課税贈与の計算で納税猶予額を求めることとなっています。

負担付遺贈、その他の利益の享受

Q51 長男Aには自宅とその敷地を相続させ、その取得にあたっては、次男Bに代わってBの住宅ローンの弁済をすることを条件に遺贈しようと思います。相続税の課税はどうなりますか。

A 一定の義務を負わされて遺贈を受ける受遺者は、相続税評価額から負担額を控除した金額で相続税が課税されます。したがって、長男Aは負担するローン残額を遺贈財産の価額から控除して課税を受けます。長男Aが同居の親族で居住と所有を継続し、小規模宅地等の特例（Q30参照）を受けるときは、特例適用後の価額から負担額を控除します。遺贈財産の価額を超えて負担額を控除し、宅地の評価額をマイナスにすることはできません。民法では、遺贈財産の価額の限度内で負担の義務を負うことになっていますが、財産額の算定において相続税法の特例規定は考慮しないので、その点を考慮して次男Bのローン残額をあらかじめ確認しておいてください。また、Bについてはローン弁済により受ける利益が「その他の利益の享受」というみなし遺贈財産として相続税課税されます。

負担の利益が第三者に帰属する場合、負担が資産の引渡しの場合

▶負担の利益が、被相続人ではなく他の者に帰属するときは、その受益者がその負担額に相当する金額を被相続人から遺贈により取得したものとみなされる

▶負担として受遺者所有の資産の引渡しが条件となっている場合は、受遺者に譲渡所得の課税が生じる。引渡しを受けた資産は、相続財産として遺産分割の対象となる

Explanation

相続を放棄しても遺贈の放棄にはなりません。負担付遺贈を拒否したい場合は、「遺贈の放棄」を遺言執行者に意思表示してください。包括遺贈でな

ければ、家庭裁判所への申述は不要です。

■その他の利益の享受

　本事例で、次男Bは直接、被相続人から財産を取得したわけではありません。しかし、長男Aに対する遺贈を通じて間接的に利益を受けることになります。相続税法では、課税の公平の見地から、これをみなし財産として課税することとしています。ただし、次男Bが債務超過でローン返済もままならないといった場合には、課税は免れます。

■負担が履行されない場合

　負担付遺贈の場合、受遺者は遺贈の目的の価額を超えない限度で負担した義務の履行責任を負いますが、負担が履行されない場合にその遺贈が無効になるわけではありません。相続人又は遺言執行者が受遺者に対して履行請求の訴えを提起し確定判決を得るか、相当の期間を定めて履行を催促し、その期間内に履行されない場合は、家庭裁判所に遺贈の取消しを請求することができます。

■負担付遺贈の活用

　本事例のように、受遺者（長男A）に与える利益の一部を他の者（次男B）に取得させて、受遺者に与える利益を減殺させることができます。また、被相続人の債務を負担する場合でも債務控除は、相続人と包括受遺者にのみ認められるもので、それら以外の者がたとえ被相続人の債務を負担したとしても債務控除できませんが、相続人ではない孫に賃貸物件を遺贈するような場合には、賃借人からの預かり保証金の返済義務の負担をつけて遺贈すれば、債務控除と同じ効果が得られます。

【補　足】
　■遺言で負担付遺贈を受けない者を遺言執行者に定めておきましょう。
　■本来は「その他の利益の享受」として課税される場合でも、その利益を受ける者が資力を喪失して債務を弁済することが困難である場合は相続税の課税はありません。ただし、その者が被相続人と<u>扶養義務者</u>の関係にあることが要件とされています。

包括遺贈と放棄

Q52 亡夫の父親から、遺産の4分の1が遺贈されました。同居の義母から自宅を取得するようにいわれましたが、相続人と争いたくありません。

A 遺産を割合をもって与える遺贈を包括遺贈といいます。包括受遺者（包括遺贈を受けた者）は、その包括遺贈の割合で相続人と同様の権利義務を有しますので、包括遺贈の放棄をしない場合には共同相続人とともに遺産分割協議に参加することになります。遺産分割で自宅を取得した場合は、被相続人と同居の親族が取得しているので、申告期限まで所有と居住を継続していれば、330㎡までの自宅敷地につき80％の評価減を受けることができます。取得する居住用不動産の価額が包括遺贈の割合を超える場合は、代償分割を利用するか、超える部分を配偶者である義母が取得することにより、小規模宅地等の特例を最大限活用してください。

なお、他の共同相続人とともに遺産分割協議に関わることを避けたい場合は、今回の義父からの包括遺贈を放棄して、義母が相続で取得した自宅を遺贈してもらうという方法もあります。義母からの遺贈が遺留分を侵害しないようであればこの方法も検討してください。

包括受遺者の権利義務

▶包括受遺者は、包括遺贈の割合で相続人と同様の権利義務を有する
▶遺産分割協議に参加し、包括遺贈の割合で債務も承継する

Explanation

相続人に対して取得割合を指示する遺贈は、相続分の指定と考えられますので、一般的な説に立てば、包括受遺者は相続人ではありません。しかし、民法上包括受遺者は、相続人と同様に扱われるため、相続税でも債務や葬式費用を負担した場合には、債務控除を適用することができますし、遺産分割

協議が整わなかったときは、共同相続人とともに相続税法第55条の遺産が未分割の場合の計算（Q58参照）に従うことになります。また、被相続人に係る申告書の提出の承継等の義務を相続人とともに負うことになります。しかし、相続人ではない包括受遺者は、以下についての差異があります。

1. 相続税の計算上、法定相続人の数には算入されません。
2. 生命保険金等の非課税、相次相続控除など相続人のみに認められている制度は適用できません。
3. 遺言者の死亡以前に受遺者が死亡したときは、代襲はありません。
4. 遺留分がありません。
5. 相続人や他の包括受遺者が放棄しても、取得割合は増えません。
6. 法定相続人を受取人とする死亡保険金の受取人となることはありません。
7. 「共同相続人の一人が遺産の分割前にその相続分を第三者に譲り渡したときは、他の共同相続人は、その価額及び費用を償還して、その相続分を譲り受けることができる。」という民法第905条の相続分取戻請求権がありません。

【補　足】
　遺贈は、死因贈与のような当事者の契約で成立するものではなく、被相続人の一方的な意思によるものですので、放棄が可能です。特定遺贈の場合は、相続の放棄のように家庭裁判所に申述する必要はありませんが、包括遺贈の場合は、相続の放棄と同じ手続きが要求されます。熟慮期間（放棄するかどうかを考える期間）も相続の放棄と同様で相続の開始があったことを知った時から3か月で、熟慮期間伸長の申立てをすることもできます。しかし、一旦放棄をすれば相続の放棄と同様、脅迫や詐欺による場合を除き、取消しや撤回はできません。

遺言内容（停止条件、分割禁止）

Q53 次男が私の事業を継ぐため、必要なライセンス取得にチャレンジしています。事務所兼貸ビルとその敷地は、そのライセンスが取得できれば次男に遺贈したいのですが……。

A その資格取得を条件にして、財産を遺贈する方法があります。停止条件付遺贈です。条件が成就するまでは、その財産は、取得者を定めなければ共同相続人に帰属し、相続人は受遺者に対して、条件成就の場合の財産の引渡義務を負います。そして、条件が成就した時に遺言の効力が生じ、税務上、財産の取得があったこととされるので、条件成就により新たに相続税の申告義務が生じる受遺者は、条件成就から10か月以内に相続税の申告書を提出しなければなりません。他の相続人は、4か月以内に更正の請求をすることができます。

また、遺言で最大5年間遺産分割を禁止することもできます。もちろん、分割禁止期間終了後の遺産分割で、次男がその不動産を取得することについては、遺産分割協議によることになりますが、国家資格によっては、10年以上要するもの、また生涯取得できずに終わってしまうものもあるので、その不動産についての最終的な権利関係を早く確定させたほうが相続人にとっても都合がよく、資格取得にかかわらず、その分割時の状況で財産取得についてじっくり検討できるというメリットもあります。ただし、遺産が分割できていない状況で相続税の期限内申告をすることになるので、小規模宅地等の特例（Q30参照）は使えません。宅地の取得者が確定し、適用要件を満たせば、期限後申告及び更正の請求で適用を受けることができます。

検討すべき事項
▶ 条件成就の見込みと期間、条件成就までの管理等、遺言執行者の指定
▶ 遺産分割を禁止する財産の範囲

遺産の取得（遺贈・遺産分割）

Explanation

■停止条件付遺贈

　停止条件付遺贈があった場合において、その条件成就前に相続税の申告をするときは、その遺贈財産は、相続人が民法第900条の《法定相続分》から第903条の《特別受益者の相続分》までの規定による相続分で取得したものとして申告します。ただし、その遺贈の目的となった遺産を協議により分割し、その分割により取得した財産を基礎として申告をした場合には、その申告が認められます。遺贈の目的物が収益物件の場合で、その財産を未分割財産として申告した場合は、その申告した相続分で収入金額を帰属させて所得税の確定申告をします。その後条件成就により、受遺者がその財産を取得しても、それまでにその不動産から他の相続人が得た果実の弁済を受けることはできません。なお、何年か後に条件が成就した場合は、その成就した日の翌日から10か月以内に申告をしなければなりませんが、あくまでも相続開始時の価額によることになります。

■遺産分割の禁止

　遺産分割の禁止は、5年を超えない範囲で、遺言でのみ定めることができます。全財産を分割禁止の対象にすることもできますが、特定の財産だけを分割禁止とすることも可能です。歳老いた相続人の居住を一定期間継続させておきたいなどの場合には、その不動産について遺産分割禁止を定めることもあります。預貯金は、生活費として配偶者に取得させ、他の財産を遺産分割禁止の対象にすることもできます。子が学業を終え自己の進路を決定した後、子が成年に達した後、国外赴任の相続人が帰国後に、遺産分割を決めさせたいなどのケースにも利用できます。

【補　足】
　遺産が分割された時点で、配偶者の税額軽減や小規模宅地等の特例を適用することは可能です。ただし、一部分割財産について、一旦選択した小規模宅地等の適用を撤回し、他の宅地に選択替えすることはできません。

申告までに開始した次の相続

Q54 父の死亡後、間もなく母が亡くなり、遺産分割ができていません。父と母の相続について、相続人である子供3人で協議しますが、どのような遺産分割が有利となるのでしょうか。また、相続税の申告はどうなりますか。

A 第一次相続（父の相続）における遺産分割は、大きく分けて次のパターンが考えられます。

1. 父の相続については母の取得分を零とする遺産分割を行う。
2. 父の遺産を死亡した母にも相続させる遺産分割をし、配偶者の税額軽減を適用する。
3. 父の遺産を死亡した母にも相続させる遺産分割をし、配偶者の税額軽減を適用しないで納税する。

一般的には、1.は、母自身の財産がそれなりにあるため、母に遺産を取得させると第二次相続（母の相続）においての課税遺産に対する税負担割合が、第一次相続の税負担割合以上になってしまうケース、2.は、母自身の遺産はわずかで、法定相続分相当額までの遺産を取得しても第二次相続において納税が発生しないか、あるいは税負割合が最低限で済むケース、3.は、父の遺産が多額な場合に母に財産を取得させて配偶者の税額軽減を適用せず納税額を発生させ、相次相続控除で第二次相続の納付税額からその納付した税額全額の控除を受けるケースが考えられます。

また、第一次相続及び第二次相続いずれにおいても小規模宅地等の特例（Q30参照）がどうなるかも検討してください。

考慮すべき事項

▶ 父、母それぞれの遺産総額とそれぞれの課税遺産に対する税負担割合
▶ 各相続における法定相続人の数
▶ 適用できる各種特例と税額控除の検討

遺産の取得（遺贈・遺産分割）

Explanation

　一旦確定させた遺産分割はやり直しができないので、申告期限までに分割を急ぐことはありません。父の相続に係る母の相続税の申告義務は、母の相続人である子3人が承継し、母の相続の開始があったことを知った日の翌日から10か月を経過する日まで期限が延長されます。しかし、子自身の相続税の申告期限は延長されませんので、子が父の相続について申告をする際に、母の相続人として父から母が受けた相続について共同申告するのが一般的です。父の遺産が未分割の場合は、相続税法第55条の未分割財産の課税の規定に従って申告します。遺産が未分割なので、配偶者の相続税額の軽減や小規模宅地等の特例は適用できません。そして、母の死亡に係る相続税の申告期限までに父の遺産がなお未分割である場合には、母の遺産に父の遺産のうち、母の法定相続分2分の1に相当する部分を加算して、相続税の申告をします。その後、父の相続についての分割が決定した場合は、配偶者の税額軽減の適用も小規模宅地等の特例の選択も可能です。前に申告した税額が過大となった者は、還付を受けるために4か月以内に更正の請求をすることができます。税額に不足を生じた者は修正申告をすることができますが、その申告がなくても更正の請求をした他の者の税額等につき更正するときは、税務署長は税額が増えることとなる者に対しても更正することになっています。父の遺産についての分割が決まれば母の遺産も確定するので、遺産分割協議を成立させ、申告等について同様に是正手続きができます。

【補　足】
　家庭裁判所における審判等により遺産分割が行われた場合には、通常、第一次相続に係る遺産は、分割前に死亡した配偶者の共同相続人に対して直接当該遺産を帰属させ、当該分割前に死亡した配偶者には、当該遺産に係る具体的相続分（民法第900条の法定相続分から第904条の2の寄与分で計算する）のみが金額又は割合によって示され、特定の遺産を帰属させません。この場合は、相続人全員で、その割合に相当する配偶者の取得する財産を具体的に特定することにより、配偶者の税額軽減を適用することができます。

民法と税法の債務の承継の相違

Q55 遺産分割協議で債務の負担を決定する場合に注意すべき事項を教えてください。

A 相続人は、債権者に対して民法第900条（法定相続分）から第902条（指定相続分）の割合で債務を負うことになりますので、遺産分割協議で定めた負担は相続人間では有効ですが、債権者に対しては主張できません。その債務について、債権者に免責的引受の承諾を得るなど、債権者の同意があって有効となります。

国税の納付義務の承継は、国税通則法に規定されており、相続人が2人以上あるときは、各相続人は民法による債務承継と同様に納付義務を承継します。なお、国が免責的引受を承諾することはありません。また、一般の債務とは異なり、国税の場合には連帯納付義務があり、相続によって得た財産の価額が国税の負担を法定相続分により計算した金額（納付義務承継額）を超える相続人に、その超える価額を限度として他の相続人が承継する国税の納付責任を負わせ、国税債権の確保を図っています。

法定相続分と異なる負担を定めるときは、その債務を承継する者が債務の弁済ができる資力を有しているかどうかを検討してください。

民法より厳しい国税の納付義務の承継
- ▶法定相続分以上の納付責任を負うことがある
- ▶その限度額は、相続人が取得した積極財産から納付義務承継額をマイナスして求めることとされている

Explanation

■債務の承継

相続人及び包括受遺者は、被相続人の債務を承継します。債務を承継したくなければ、相続又は包括遺贈の放棄が必要です。放棄はせずに遺産の範囲

内での債務は負担するが、自己の固有財産まで被相続人の債務の弁済に充てたくはないという場合には、限定承認（Q42、43参照）という方法があります。限定承認は、相続人及び包括受遺者全員が一定期間内に家庭裁判所に申述しなければなりません。放棄をした者は、相続人又は包括受遺者ではありませんので、これらの者を除いて申述します。一定期間内に相続の放棄も限定承認もしなければ単純承認したものとされ、被相続人の財産債務を承継します。債務の承継は、民法の相続分によることになりますが、寄与分や特別受益者の相続分は考慮されません。これらの相続分を債権者が知る由もないので、当然のことといえるでしょう。なお、被相続人の未納の国税に係る債務は、民法の相続分によるものの、国税を確実に徴収するために次の取扱いを定めています。

■国税の納付義務の承継

　民法では、相続人は法定相続分で債務弁済義務を負えばよいのですが、国税の場合には、相続人のうちに、相続により取得した財産の価額が法定相続分により計算した国税の納付義務承継額を超える者があるときは、その者はその超える部分の金額を限度として他の相続人が承継した国税を納付すべき納付責任を負います。この納付責任額は、延滞税や利子税を含みます。納付責任を負う限度額計算において、相続により取得した財産の価額とは、相続人が取得した積極財産の価額であり、消極財産（債務）の価額はマイナスしないことになっています。債務の負担額が多い相続人にとっては、非常に不利な計算がなされます。

■債務が相続遺贈財産から控除しきれない場合

　相続税法では、債務については「その者の負担に属する部分の金額」の控除を認めていますが、これについては、相続税法基本通達で13-3で「財産を取得した者が実際に負担する金額をいうのであるが、この場合において、これらの者の実際に負担する金額が確定していないときは民法第900条《法定相続分》から第902条《遺言による相続分の指定》までの規定による相続分又は包括遺贈の割合に応じて負担する金額をいうものとして取り扱う。」

と定めています。そして、ただし書きで、「共同相続人又は包括受遺者が当該相続分又は包括遺贈の割合に応じて負担することとした場合の金額が相続又は遺贈により取得した財産の価額を超えることとなる場合において、その超える部分の金額を他の共同相続人又は包括受遺者の相続税の課税価格の計算上控除することとして申告があったときは、これを認める。」ともしています。

　債務が相続遺贈財産から控除しきれないケースは、遺産が未分割の場合にも起こりうることです。相続税法では、未分割財産については民法の規定による相続分（寄与分を除く）で取得したものとして課税価格を計算するとしており、相続人が受けた特別受益である生前贈与財産や遺贈財産を遺産に持ち戻して、トータルベースで今回の遺産の取得割合が計算されます。

　しかし、債務の負担割合については相続税法では規定されていないため、先の通達に従って法定相続分（指定相続分がある場合は考慮する）で負担したものとして計算しますので、特別受益額を加味して計算した取得財産額から債務を控除しきれない場合があります。

　この場合に、他の相続人の課税価格から控除できるという基本通達の"ただし書き"を適用することになります。ところが、控除しきれない者の控除しきれない金額（債務超過額）を他の相続人が控除したことを認めず、他の控除可能な者の合意がいるとした審判事例があるのです。したがって、他の相続人の債務超過額を課税財産から控除するには、債務超過額を控除することが可能な者の間で、控除する債務の額の配分についての合意をしておくことが必要です。しかし、遺産分割もできていない状況で、この合意ができるかどうかは疑問です。

【補　足】
■相続税における<u>債務控除</u>
　相続時精算課税に係る贈与財産（「相続時精算課税適用財産」という）の価額から債務の控除はできますが、暦年課税贈与で相続開始前3年以内の贈与財産が相続税の課税価格に加算された場合のその贈与財産の価額から、債務控除はできません。相続人間で法定相続分の負担ではなく、任意に債務の承継を決めるときは、この点をふまえて協議してください。
■被相続人が根抵当権を設定していた場合
　被相続人の事業上、<u>根抵当権</u>が設定されている不動産は、なるべく事業を承継する相続人が取得し、相続登記を済ませて相続人への債務者変更登記を経たうえで、事業承継者である相続人を被相続人に代わる新たな債務者（「指定債務者」という）とする根抵当権者と根抵当権設定者による「指定債務者の合意の登記」をします。相続開始後6か月以内に登記しないときは、担保される元本が相続開始時に確定したものとみなされます。この合意の登記により、根抵当権は、指定債務者になった相続人の、今後の事業上の債務も担保することになります。注意を要するのは、指定債務者が定まったとしても、被相続人死亡時に既に発生していた債務は各相続人が法定相続分で承継することです。事業上の債務は、事業承継者が引き継ぐことが、相続人及び債権者のいずれにとっても理にかなうことかもしれません。そこで、事業承継者である相続人が、免責的債務引受をすることがありますが、この債務引受という新たな法律行為により負担する債務は根抵当権では担保されません。既存の貸付金の一部が無担保債権になってしまうのです。そこで、債権者側としてはこれを特定の債権として、根抵当権の被担保債権の範囲に加えるための変更登記が必要です。

相続分の譲渡

Q56 遺産分割に関わり合いたくないので、相続分を譲渡しようと考えています。課税上の取扱いを教えてください。

A 相続分の譲渡とは、積極財産と消極財産を包括して承継する相続人が有する相続分の包括譲渡をいいます。他の相続人への譲渡も相続人以外の第三者への譲渡も可能です。相続分を全部譲渡することも一部の譲渡にとどめることもできます。有償でも無償でもかまいませんが、相続人に対して無償で譲渡した場合は、譲受人が譲渡人の相続分を取得する遺産分割がなされたのと同じ結果になります。相続人に対して有償で譲渡した場合には、その対価は代償分割の代償金と同じ意味をもち、譲渡人である相続人はその代償金について相続税の申告が必要になります。

相続分を相続人以外の者に譲渡した場合は、有償無償を問わず、譲渡した相続人が相続税の申告をしなければなりません。無償での譲渡は、譲渡を受けた者に贈与税課税が生じます。有償の譲渡であれば、所得税の申告も必要となります。ただし、無償の譲渡であっても、法人に対しての譲渡であれば時価で譲渡したものとしてのみなし譲渡課税を受けますので、所得税の申告が必要です。いずれにしても、相続分を全部譲渡した場合には、遺産分割協議に参加する必要はありません。参加しなければならないのは譲受人です。

譲渡人についての課税

▶相続人に対して無償譲渡の場合・・・課税なし
▶相続人に対して有償譲渡の場合・・・相続税課税
▶第三者に対して無償譲渡の場合・・・相続税課税、所得税は第三者が法人でない限り課税なし
▶第三者に対して有償譲渡の場合・・・相続税と所得税の課税

Explanation

　相続人に対して相続分の譲渡があった場合における課税は、有償の場合は、譲渡人である相続人はその対価を代償金の取得として相続税の課税を受けます。譲渡の対価として土地建物などの資産の交付を受けた場合は、時価相当を代償金として取得したものとし、譲受けの対価として資産を交付した相続人は、相続税の申告だけでなく譲渡所得の申告も必要です。

　相続分の譲渡はあったものの、申告期限までに遺産が分割されていない場合は、相続税法第55条の未分割財産の規定に従って求めた相続分から、譲渡人は譲渡した相続分を控除し、譲受人は譲り受けた相続分を加算した相続分とすることが過去の判例で示されています。

　相続人ではない第三者に対して相続分が譲渡された場合、遺産分割協議に参加するのはその第三者ですが、あくまでも譲渡人である相続人が一旦相続で取得した相続分を譲り渡したにすぎないため、相続税の申告義務は譲渡人である相続人にあります。無償の譲渡で、第三者が個人である場合は、その者に贈与税の課税があります。第三者が法人である場合には、その法人には法人税課税、そして、譲渡した相続人には所得税課税があります。

　相続人は、相続分を譲渡して遺産分割協議から離脱しても、債権者に対して免責的債務引受の承諾を得ない限り、被相続人の債務についての責めは引き続き負います。

【補　足】
　民法では、第三者に対して相続分が譲渡された場合には、共同相続人は、その価額及び費用を償還してその相続分を譲り受けることができるという「相続分の取戻権」を認めています。取戻しは、譲渡から原則1か月以内でなければならないので、相続分の譲渡は、共同相続人全員に通知しておくべきです。しかし、その取戻権の行使のために支払われた対価の額の取扱いはかなり複雑な課税関係を生じさせることとなり、共同相続人及びその第三者にとって不利な結果につながることがあります。課税を考える場合には、第三者への譲渡はお勧めできません。

国外居住者がいる場合の遺産分割

Q57 相続人のうちに国外に居住している者がいる場合の遺産分割と印鑑証明について教えてください。また、所在不明で連絡がつかないときはどうすればいいでしょうか。

A 国外居住の相続人が遺産を取得する場合には、相続税の計算において、その者は、「非居住無制限納税義務者」又は「制限納税義務者」のいずれかに該当することになります。「非居住無制限納税義務者」は、国内に住所を有する者である「居住無制限納税義務者」と同様、取得財産について国内外の所在を問わず課税されますが、「制限納税義務者」は、国内財産についてだけの課税になります。国外財産は、「制限納税義務者」に取得させれば課税価格の合計額が減少し、当然、他の相続人の相続税額も減少することになります（Q17参照）。

相続税において配偶者の税額軽減又は小規模宅地等の特例の適用を受ける場合、相続財産の名義の書換えや不動産の相続登記をする場合などには、遺贈による取得でない限り、実印の押印と印鑑証明書の添付がある遺産分割協議書が要求されます。国外居住で印鑑証明書が入手できない場合は、居住している国の日本公館で受けた、署名証明書（サイン証明書）をその代わりとします。なお、その者が日本に一時帰国できる場合は、公証人役場に遺産分割協議書を持参し、公証人による証明を受けることができます。

所在不明の者がいる場合は、家庭裁判所に不在者財産管理人の選任申立てとともに遺産分割に関与するための権限外行為許可の申立てをします。その者を含めて遺産分割協議をしてください。

代用書類

▶印鑑証明書・・・本人が、居住地国の日本公館へ出向いて発行を受けた、署名及び拇印証明書
▶住民票・・・・・在留証明書

Explanation

　遺産分割協議には、相続人及び包括受遺者全員が一堂に会する必要はありませんが、参加すべき者を1人でも除いての協議は無効となります。相続人で所在不明の者がいる場合は、不在者財産管理人の選任申立てとともに遺産分割に関与するための権限外行為許可の申立てをします。

　相続開始の時において、日本に住所を有しない者で、次のイ又はロのいずれかに該当する者は「非居住無制限納税義務者」ですが、イとロのいずれにも該当しない者は「制限納税義務者」です。

イ　相続又は遺贈により財産を取得した日本国籍を有する個人でその財産を取得した時において日本国内に住所を有していないもの（その個人又はその相続若しくは遺贈に係る被相続人がその相続又は遺贈に係る相続の開始前5年以内のいずれかの時において日本国内に住所を有していたことがある場合に限る。）

ロ　相続又は遺贈により財産を取得した日本国籍を有しない個人でその財産を取得した時において日本国内に住所を有していないもの（その相続若しくは遺贈に係る被相続人がその相続又は遺贈に係る相続の開始の時において日本国内に住所を有していた場合に限る。）

　相続人が国外に居住して日本における住民登録がない場合は、当然、印鑑証明書の交付を受けることはできません。この場合、海外に所在する日本の在外公館に遺産分割協議書を持参し、公館職員立会いのもと、署名及び拇印を押し、申請者の署名（及び拇印）が確かに領事の面前でなされたことの証明をした署名（サイン）証明が印鑑証明に代わるものとなります。ただし、居住地国によってはその日本公館で印鑑証明の発行がなされることもありますので確認してください。

【補　足】
　国内に居住している被相続人から非居住者が相続又は遺贈により有価証券等を取得した場合には国外転出時課税制度が適用され、準確定申告が必要です。

分割協議が整わない場合

Q58 申告期限までに遺産分割協議が成立しなかった場合のデメリットを教えてください。メリットの場合もあるのでしょうか。

A 居住用宅地等や事業用宅地等の評価減（小規模宅地等の特例（Q30参照））は、未分割の宅地等には適用されません。配偶者に対する相続税額の軽減は、未分割財産がある場合は軽減額が少なくなり、遺産がすべて未分割の場合には、みなし財産に係る相続税額の軽減のみとなります。農業・林業の後継者や同族会社の事業承継者が申告期限までに農地や同族株を分割取得していなければ、納税が猶予され、その後免除されるという納税猶予の適用は受けられなくなります。また、遺産分割により取得した財産を国等に贈与した場合においても、申告期限後の贈与であれば、相続税の非課税の適用はありません。しかし、遺産が未分割の状態で次の相続が発生した場合にトータル税額を考慮して最も有利な遺産分割を検討できるメリットもあります。

遺産が未分割では適用が受けられない相続税の規定
▶小規模宅地等の特例
▶配偶者の税額軽減
▶納税猶予

Explanation

■**遺産が未分割の場合の申告**

相続人が複数いる場合は、遺言ですべての財産の取得方法が定められていない限り、相続人間で誰がどの財産を取得するかなどを話し合って決めなければなりません。この話し合いを「遺産分割協議」といいます。話し合いがつかず、取得者が決まっていない遺産が「未分割財産」です。相続税の申告

期限までに話し合いがつかなくても、申告書は提出しなければなりません。

遺産が未分割の場合は、<u>相続税法第55条</u>の規定により、各相続人は民法（寄与分を除く）の規定による相続分又は包括遺贈の割合によって取得したものとして課税価格を計算します。計算手順は、以下の通りです。

(1) 未分割財産の価額
(2) 各相続人の特別受益額
(3) みなし相続財産　　(1) ＋ (2)
(4) 各相続人の具体的相続分　(3) ×各人の法定相続※分 (2)
　※民法第902条の<u>指定相続分</u>も考慮する。

特別受益とは、相続人が被相続人の存命中に婚姻や生計の資本として贈与を受けた、あるいは遺言で財産を取得することによる利益です。

相続人に贈与や遺贈がなかったとしたらどれだけ遺産が現存していたかを計算するために各相続人の特別受益額を未分割財産の額に加算します。これを「特別受益の持ち戻し」と表現します。これは、特別受益を相続分の前渡しのようにとらえて、贈与や遺贈があってもトータル的には相続人間で民法の相続分に応じた公平な遺産分割を考えているのです。贈与については、何年前の贈与であっても相続開始時の価額で持ち戻し、その財産が受贈者の行為により滅失又は増減している場合においても、相続開始時になお現状あるものとみなした価額で持ち戻すことになります。ただし、被相続人が遺言で持ち戻し免除など上記計算方法と異なる内容を明記していれば、それに従います。

未分割で申告するときは寄与分があっても考慮してはいけません。相続人間で相続分の譲渡があった場合には、上記計算手順の(4)では、その譲渡相続分を加味した相続分を使用します。

遺産分割で揉めているような場合に、相続人が過去に受けた贈与を、贈与を受けた相続人以外の者が申告までに完全に把握することは困難な場合が多いのですが、他の共同相続人が被相続人から贈与を受けた3年以内の贈与財

産及び相続時精算課税適用財産については、被相続人の住所地を所轄する税務署長に対し、開示請求をすることができます。

■債務の負担者が定まっていない場合

　負担者が決まらないときは、法定相続分及び指定相続分（民法第900条〜第902条）で債務控除の金額を計算します。その後のやり直しは原則としてできません。

■その後遺産分割協議が整った場合

　その分割により取得した財産の価額により相続税の計算をやり直し、修正申告や更正請求（還付請求）の手続きをとることができます。小規模宅地等の特例（Q30参照）や配偶者の税額軽減の適用を受けることができます。

■未分割の場合の不利益

　納税資金の手当てが困難、被相続人名義の預金の凍結（引出し、ローンの引落し）、配当金の受領不可、配偶者の税額軽減不適用、小規模宅地等の特例不適用、納税猶予の不適用などが挙げられます。

　また、申告期限から3年経過後の譲渡になってしまうと取得費加算の適用がなくなります。財産が共有状態のため、不動産の利用に制限を受けることもあります。申告書の共同提出ができない場合、それぞれが依頼した弁護士や税理士の費用などの余分な出費が生じます。

　根抵当権の変更手続きを6月以内にしないと相続開始時で債務額が確定してしまいます。相続登記、債務者変更登記、指定債務者の登記、債権の範囲の変更登記といった一連の登記は遺産が未分割ではできません。

　遺産の中に収益物件が存する場合に、所得税の申告期限までに分割が定まっていないときは、各相続人がそれぞれ法定相続分で収益を計上して所得税の申告をします。そして、その後分割協議が成立しても所得税の是正の申告等はできません。

■未分割の場合のメリット

　遺産分割を確定させていない状態で、次の相続が開始した場合には、財産の最終の帰属先や優遇税制の適用を第一次相続及び第二次相続の総合的な観点から判断することができ、第一次及び第二次のトータルでの税額が最も少なくなる取得を検討することもできます。その他、相続登記を1回省略する中間省略登記により、登記費用を軽減できる場合もあります。中間省略登記がみとめられるのは、中間の相続における相続人が1人の場合又は共同相続であったが、相続の放棄や欠格又は廃除により相続人が1人となった場合などに限られます。

【補　足】

　遺産が未分割で申告をする場合には、「申告期限後3年以内の分割見込書」の提出を忘れないでください。さらに、その期間内に分割できないときは、「遺産が未分割であることについてやむを得ない事由がある旨の承認申請書」を3年を経過する日の翌日から2か月以内に提出しておかなければ、その後、遺産分割が確定しても、更正の請求による小規模宅地等の特例や配偶者の税額軽減が適用できません。承認申請書不提出に宥恕(ゆうじょ)規定はありません。

　第二次相続を考慮すれば、配偶者の税額軽減を受けずに申告したほうが納税額がトータルで有利となることもあります。また、その後に第二次相続の遺産が思ったほどではなかったため、税額軽減を受けたほうが有利と判断した場合には、更正の請求ができます。配偶者の税額軽減は、平成23年12月2日以後に申告期限の到来する相続税から、更正の請求でも適用が受けられるようになりました。なお、配偶者の税額軽減は申告書を提出することが要件とされていますので、税務署が更正や決定を行ってしまった場合には適用できなくなります。

遺産分割基本事項

Q59 遺産分割で最低押さえておくべき基本事項を教えてください。また、将来の譲渡を予定して遺産分割する場合に注意すべきことはありますか。

A 相続人が複数いる場合、相続人の生活状況、納税資金の捻出は可能かなども判断したうえで、分割する財産の種類及び価額を検討します。納税資金の手当てや遺産の公平な分割に代償分割を活用することも検討します。財産とその財産に関連するひも付きの債務は同一人が取得してください。

第二次相続もふまえて、配偶者の取得財産及び小規模宅地等の特例を適用する者を決めてください。

譲渡予定がある場合は、その財産について代償分割を適用してはいけません。代償債務として支払った金額は、譲渡所得の計算で取得費とはならないからです。居住用不動産は、3000万円の特別控除などの譲渡の特例の適用が受けられる者が取得するようにします。

譲渡予定の財産がある場合
- ▶申告期限から3年以内に譲渡する
- ▶代償分割は利用しない
- ▶譲渡所得の特例が適用可能な相続人に取得させる

Explanation

小規模宅地等の評価減の額が最も多く適用できる取得者は誰か、事業承継及び納税猶予の適用をふまえた同族株の取得、その者が取得することによって議決権及び評価額がどのようになるかも検討します。宅地の評価額は、誰が取得するか、隣り合わせの宅地を1人の者が取得するのか、それぞれ別の者が取得するのかによっても、又申告期限までの利用状況によっても変わります。

遺産の取得（遺贈・遺産分割）

　比較的次の相続までの期間が短いと予想される配偶者が、どの程度財産を取得するのか、配偶者の税額軽減を適用すべきか、配偶者の死亡による第二次相続でも小規模宅地等の特例（Q30参照）は受けられるのかなどについて検討し、第二次相続の際の税負担も考慮します。一般的に配偶者は、将来値下がりが予想されるもの、消費しやすいもの、贈与しやすいものを相続し、時価と相続税評価に乖離があるものは配偶者以外の相続人が取得するのがよいと考えられています。

　制限納税義務者（Q17参照）がいる場合は、その者が債務控除できない債務の負担は避けるようにします。障害者控除及び未成年者控除は、他の税額控除と異なり本人から控除できなかった金額を扶養義務者から控除できるので、相続人に障害者や未成年者がいる場合は有効に使いましょう。法定相続人が成年被後見人の場合、特別障害者として障害者控除を適用することができます。後見開始の審判を証する登記事項証明書を申告書に添付してください。未成年者控除及び障害者控除ともに平成27年1月1日以降に開始する相続から控除額が増額されています。

　一旦確定し、申告も済ませた遺産分割のやり直しは、贈与税課税を伴います。遺産分割協議の際には、相続税評価額だけではなく分割時の時価も提示して、小規模宅地等やその他相続税の特例も検討し、それによる税負担の軽減、相続人の個別事情なども話し合ったうえで、納得のいく遺産分割を行ってください。また、一旦選択した小規模宅地等の選択替えは原則できませんので注意してください。

【補　足】
　平成27年1月1日以降に開始する相続から、土地の譲渡に係る譲渡所得の取得費加算の計算が改正されています。これまでは、相続又は遺贈により取得した土地を申告期限から3年以内に譲渡した場合には、譲渡してない土地に対応する相続税額も譲渡所得の計算上、取得費に加算することができたのですが、改正により譲渡した土地に係る相続税額に限られることになりました。

各種特例を受ける場合

Q60 遺産分割協議の際、協議書記載事項以外で、話し合っておくべきことはありますか。

A 小規模宅地等の特例（Q30参照）の対象となる宅地等が複数ある場合でも、限度面積の範囲内での適用となるため、誰が取得したどの宅地から何㎡適用するのかについての協議が必要です。また、同族会社が配当優先無議決権株式を発行している場合においては、その無議決権株式の評価額を5％減額し、その減額した金額を議決権のある株式の価額に加算するという調整計算ができますが、そのためには遺産分割が確定したうえで、申告期限までにその法人の株式を相続又は遺贈で取得したすべての株主から調整計算によることについての同意書が提出され、株式の評価額の計算根拠を記載した明細書を申告書に添付しなければ適用が受けられません。

未成年者控除又は障害者控除を未成年者又は障害者本人の相続税額から控除しきれない場合は、その者の扶養義務者から控除することができますが、扶養義務者が複数いるときは、協議により控除を受けることができる金額の配分を決めて申告します。協議しない場合は、算出相続税額の比で按分して控除を受けることになります。

なお、重要な遺産が発見される可能性のない場合は、後に見つかった僅少な遺産のための分割協議書作成を省略するために、「この協議書に記載のない財産は、すべて配偶者○○が取得する。」などの文言を遺産分割協議書に入れておく場合があります。これについても協議しておくといいでしょう。

協議及び同意が必要な事項

- ▶「小規模宅地等の特例」、「特定計画山林の特例」の対象となる財産を取得したすべての人がその財産を選択適用することについての同意
- ▶同族株式の評価について調整計算をすることについての同意
- ▶未成年者控除又は障害者控除の控除不足額を扶養義務者の相続税額から控除する金額

遺産の取得（遺贈・遺産分割）

Explanation

　遺産を相続税の納税により目減りさせないためには、小規模宅地等の特例は評価が減額される金額が最も大きい宅地から優先適用し、課税価格の合計額をできるだけ少なく、相続税の総額を最小限にすることを考慮します。しかし、各相続人がそれぞれ同額の財産を取得していても特例適用の有無によって納税額に大きな差がつくので、相続人の中には自分が納める税金さえ安くなればいいと考える人もいます。また、特定計画山林と小規模宅地等の特例を併用する場合は調整限度額計算が必要です。申告書作成の段階になって揉めることのないように、遺産分割協議の席で各種特例の適用者及び適用財産について話し合っておいてください。

　株式評価においては、無議決権株式であってもその議決権の有無を考慮しません。同族株主等が取得した株式の評価で使用する類似業種比準価額は、類似業種の株価に比準させる要素として配当金があり、配当優先株式の場合には、通常は、普通株式に比べて１株当たりの受取配当金額が多いため、普通株式よりも評価額が高くなってしまいます。そこで、議決権の有無による価値の差を課税に反映させるべく、原則評価した無議決権株式の評価額からその５％相当額を控除し、控除した金額を議決権のある株式の価額に加算して申告することが認められています。この調整計算は、すべての同族株主間で行わなければならず、特定の株主間のみで調整することはできません。そして、申告にあたっては、その株式を取得した者全員の同意書の提出が必要です。

【補　足】
　相続人及び包括受遺者は、その者が負担する被相続人の債務を課税財産から控除できますが、負担額が確定していない場合は、相続分又は包括遺贈の割合で負担することとして債務の額を計算します。その債務の金額が相続又は遺贈により取得した財産の価額を超える場合には、その超える部分の金額を他の共同相続人又は包括受遺者の課税財産から控除できるという通達がありますが、このような場合の債務の負担についても相続人間の同意が必要です。

用語解説

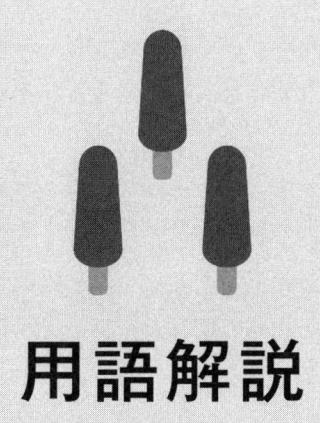

あ行

遺産分割協議

　遺言がない場合や遺言があっても全財産が遺贈されてない場合に、共同相続人全員で行う遺産分割の手続きです。全員が同意すれば法定相続分によらずとも自由に遺産分割を行うことができます。一部の共同相続人を除外した遺産分割又は相続人ではない者が協議に参加して決定した遺産分割は無効です。ただし、相続人ではなくても包括受遺者及び相続分の譲渡を受けた者は遺産分割協議に参加することになります。

　また、相続人が未成年の場合は、法定代理人である親権者がその未成年者に代わって遺産分割協議に参加しなければなりません。その親権者も相続人である場合には、子と利益相反となるため、家庭裁判所に特別代理人の選任を申し立てます。親権者が相続人ではなく、子と利益相反とならない場合でも、相続人である子が複数いるときは、親権者が1人で複数の子の法定代理人になることはできませんので、この場合も特別代理人が必要です。胎児が相続税の申告期限までに出生していなければ、その胎児はいないものとして相続税の申告書を提出しますが、民法では「胎児は、相続については既に生まれたものとみなす（民法886①）。」と定めているため、胎児出生後に法定代理人又は特別代理人が参加して遺産分割協議をします。

　共同相続人の中に行方不明者がいるときは、家庭裁判所に失踪宣告の申立てをし、その失踪宣告を受けた者の子が代襲相続人として遺産分割協議に参加するか、又は、家庭裁判所に不在者の財産管理人の選任を求め、その選任された財産管理人が遺産分割協議に参加し、家庭裁判所に許可を得て遺産分割を成立させます。

　遺産分割協議が紛糾して共同相続人間で収拾がつかない場合は、家庭裁判所に遺産分割の調停を申し立てることができます。調停でも解決できないときは、遺産分割の審判を申し立てることができます。

申告期限までに分割が整わない場合には、相続税法第55条の規定により相続税額を計算します。その後分割が確定し、課税価格が異なることとなった者は更正の請求または修正申告をすることができます。ただし、修正申告書を提出しなくても他の者が更正の請求をしなければ、税務署サイドから更正が可能な期間を超えてからの更正はできません。

遺産分割

　相続税の基本通達で、遺産の分割について、配偶者の相続税額の軽減の計算に関わる「分割」の意義を以下のように規定しています。
相続税基本通達19の2-8
　「法第19条の2第2項に規定する「分割」とは、相続開始後において相続又は包括遺贈により取得した財産を現実に共同相続人又は包括受遺者に分属させることをいい、その分割の方法が現物分割、代償分割若しくは換価分割であるか、またその分割の手続が協議、調停若しくは審判による分割であるかを問わないのであるから留意する。ただし、当初の分割により共同相続人又は包括受遺者に分属した財産を分割のやり直しとして再配分した場合には、その再配分により取得した財産は、同項に規定する分割により取得したものとはならないのであるから留意する。」
　上記通達の"ただし"書きにあるように遺産の再配分は分割ではないので、無効や要素の錯誤を伴わない単純な遺産分割のやり直しは、贈与や交換や譲渡などとして新たな課税を生じさせることになります。

遺　贈

　遺言で財産を取得させることです。遺言書の作成が必要で、口頭での意思表示では成立しません。遺贈は、遺贈の目的物を特定して取得させる特定遺贈と、自己の遺産全体に対する割合を指定して取得させる包括遺贈がありま

す。契約である死因贈与と異なり、遺贈は遺贈者の一方的な単独行為であるため、民法では、遺贈された者（受遺者）に放棄の機会を与えています。ただし、特定遺贈の場合は、いつでも放棄することができますが、包括遺贈の場合は相続の放棄と同様の手続きが必要です。

遺留分

　私有財産制と相続人の権利の調整のため、兄弟姉妹以外の相続人には遺留分という相続財産を取得する最低限の権利があります。遺留分を侵害された相続人は、遺留分減殺請求により侵害された権利を取り戻すことができます。遺留分は相続の放棄と異なり家庭裁判所の許可を受けた場合に限り、生前に放棄することができます。なお、事業承継を考慮して、「中小企業における経営の承継の円滑化に関する法律」において、遺留分の民法特例が設けられています。これは、株式等その他財産の価額を遺留分算定の財産額に算入しない合意をして、経済産業大臣の確認を受けたうえで家庭裁判所の許可を受けることによって、その効力が生じます。

【参考】民法
（遺留分の放棄）
第千四十三条　相続の開始前における遺留分の放棄は、家庭裁判所の許可を受けたときに限り、その効力を生ずる。
２　共同相続人の一人のした遺留分の放棄は、他の各共同相続人の遺留分に影響を及ぼさない。
（遺留分の帰属及びその割合）
第千二十八条　兄弟姉妹以外の相続人は、遺留分として、次の各号に掲げる区分に応じてそれぞれ当該各号に定める割合に相当する額を受ける。
一　直系尊属のみが相続人である場合　被相続人の財産の三分の一
二　前号に掲げる場合以外の場合　被相続人の財産の二分の一

【参考】中小企業における経営の承継の円滑化に関する法律
(後継者が取得した株式等に関する遺留分の算定に係る合意等)
第四条 旧代表者の推定相続人は、そのうちの一人が後継者である場合には、その全員の合意をもって、書面により、次に掲げる内容の定めをすることができる。ただし、当該後継者が所有する当該特例中小企業者の株式等のうち当該定めに係るものを除いたものに係る議決権の数が総株主又は総社員の議決権の百分の五十を超える数となる場合は、この限りでない。
一 当該後継者が当該旧代表者からの贈与又は当該贈与を受けた旧代表者の推定相続人からの相続、遺贈若しくは贈与により取得した当該特例中小企業者の株式等の全部又は一部について、その価額を遺留分を算定するための財産の価額に算入しないこと。
二 前号に規定する株式等の全部又は一部について、遺留分を算定するための財産の価額に算入すべき価額を当該合意の時における価額(弁護士、弁護士法人、公認会計士(公認会計士法(昭和二十三年法律第百三号)第十六条の二第五項に規定する外国公認会計士を含む。)、監査法人、税理士又は税理士法人がその時における相当な価額として証明をしたものに限る。)とすること。(以下、略)

(後継者が取得した株式等以外の財産に関する遺留分の算定に係る合意等)
第五条 旧代表者の推定相続人は、前条第一項の規定による合意をする際に、併せて、その全員の合意をもって、書面により、後継者が当該旧代表者からの贈与又は当該贈与を受けた旧代表者の推定相続人からの相続、遺贈若しくは贈与により取得した財産(当該特例中小企業者の株式等を除く。)の全部又は一部について、その価額を遺留分を算定するための財産の価額に算入しない旨の定めをすることができる。

第六条 旧代表者の推定相続人が、第四条第一項の規定による合意をする際に、併せて、その全員の合意をもって、当該推定相続人間の衡平を図るための措置に関する定めをする場合においては、当該定めは、書面によってしなければならない。

2 旧代表者の推定相続人は、前項の規定による合意として、後継者以外の推定相続人が当該旧代表者からの贈与又は当該贈与を受けた旧代表者の推定相続人からの相続、遺贈若しくは贈与により取得した財産の全部又は一部について、その価額を遺留分を算定するための財産の価額に算入しない旨の定めをすることができる。

遺留分減殺請求

　遺留分を侵害された相続人は、遺留分減殺請求権を行使することにより贈与や遺贈により侵害された権利を、その侵害を限度に取り戻すことができます。取り戻すのは贈与や遺贈の目的物そのものの場合もありますし、価額弁償を受けることもあります。

　申告期限までに遺留分減殺請求がなされていない場合や、遺留分減殺請求はあったものの弁済または弁償額が定まっていない場合は、遺留分減殺請求がなかったものとして相続税の期限内申告書を提出します。その後、弁済又は弁償の額が確定した時点で、弁済等により既に申告した課税価格及び相続税額が過大となった者は4月以内に更正の請求をすることができます。弁済等を受けることにより新たに相続税の期限内申告書の提出要件に該当することとなった者は期限後申告書を、弁済等により既に確定した相続税額に不足を生じた者は修正申告書を提出することができます。これらの申告書を提出する時までに納税を済ませれば延滞税はかかりません。期限後申告書又は修正申告書の提出がなかった場合において、還付を受けるために更正の請求のみがなされた場合には、その更正の請求の基礎となった事実に基づいて、期限後申告書又は修正申告書を提出しなかった者に対して、税務署長が決定または更正をすることになります。

延 滞 税

　納付すべき国税を決められた期限までに完納しないときに課せられる税金をいいます。確定税額を納付しなかったときだけではなく、期限後申告書又は修正申告書を提出した場合、あるいは更正又は決定の処分を受けた場合で、納付しなければならない税額があるときにも延滞税がかかります。延滞税は、法定納期限の翌日から納付する日までの日数に応じて計算します。相続税法特則事由に基づく期限後申告書又は修正申告書の提出の場合には、これらの

申告書を提出する時までに完納すれば延滞税はかかりません。ただし、これらの申告書を提出する前に、税務署長から更正又は決定を受けたときは、更正通知書又は決定通知書が発せられた日とその事由の生じた日の翌日から起算して4月を経過する日とのいずれか早い日から税金を完納する日までの期間について、延滞税が課せられます。

相続税について延納の制度を利用して分割納付する税額には、延滞税ではなく、利子税がかかります。

延　納

納付税額について一括納付が困難な場合に、納付すべき日までに、税務署長に申請することにより、相続税額を分割し、毎年その分納税額とともに利子税（利息に相当する税金）を合わせて納付することができる制度です。課税相続財産のうちに不動産等の価額の占める割合を求め、その割合により延納できる年数及び延納により負担すべき利子税の率が異なります。

か行

貸付金債権等

貸付金債権等とは、貸付金、売掛金、未収入金、預貯金以外の預け金、仮払金、その他これらに類するものをいいます。貸付金は元本に既経過利子を加算して評価します。貸付金債権等が課税されないケースは、財産評価通達205で定められており、相続開始時に破産宣告があった場合など回収が不可能又は著しく困難な場合に限られています。

【参考】財産評価通達（一部省略）
205　貸付金債権等の評価を行う場合において、その債権金額の全部又は一部

が、課税時期において次に掲げる金額に該当するときその他その回収が不可能又は著しく困難であると見込まれるときにおいては、それらの金額は元本の価額に算入しない。
（1） 債務者について次に掲げる事実が発生している場合におけるその債務者に対して有する貸付金債権等の金額（その金額のうち、質権及び抵当権によって担保されている部分の金額を除く。）
　　イ　手形交換所において取引停止処分を受けたとき
　　ロ　会社更生手続の開始の決定があったとき
　　ハ　民事再生法の規定による再生手続開始の決定があったとき
　　ニ　会社の整理開始命令があったとき
　　ホ　特別清算の開始命令があったとき
　　ヘ　破産の宣告があったとき
　　ト　業況不振のため又はその営む事業について重大な損失を受けたため、その事業を廃止し又は6か月以上休業しているとき
（2） 再生計画認可の決定、整理計画の決定、更生計画の決定又は法律の定める整理手続によらないいわゆる債権者集会の協議により、債権の切捨て、棚上げ、年賦償還等の決定があった場合において、これらの決定のあった日現在におけるその債務者に対して有する債権のうち、その決定により切り捨てられる部分の債権の金額及び次に掲げる金額
　　イ　弁済までの据置期間が決定後5年を超える場合におけるその債権の金額
　　ロ　年賦償還等の決定により割賦弁済されることとなった債権の金額のうち、課税時期後5年を経過した日後に弁済されることとなる部分の金額
（3） 当事者間の契約により債権の切捨て、棚上げ、年賦償還等が行われた場合において、それが金融機関のあっせんに基づくものであるなど真正に成立したものと認めるものであるときにおけるその債権の金額のうち（2）に掲げる金額に準ずる金額

過少申告加算税

　修正申告又は税務署から税額の増額更正があると、新たに納める税金の他に過少申告加算税がかかります。この過少申告加算税の金額は、新たに納めることになった税金の10％相当額ですが、新たに納める税金が当初の申告

納税額と50万円とのいずれか多い金額を超えている場合、その超えている部分については15％になります。ただし、税務署の調査を受ける前に自主的に修正申告をすれば、更正されることを予知して申告した場合を除き、過少申告加算税はかかりません。もちろん、相続税法特則事由に基づく修正申告書の提出の場合にも、過少申告加算税はかかりません。また、特則事由によらない場合でも、「正当な理由」があるときは、その理由に係る税額にはかかりません。ただし、税法の不知もしくは誤解又は事実誤認に基づくものは、「正当な理由」に当たらないとされています。

課税価格

相続税の課税価格は、相続人及び受遺者ごとに、税法規定及び財産評価通達に従って評価した取得財産（非課税財産はマイナスする）の価額から負担する債務の金額を控除して計算します。その被相続人から相続時精算課税制度による贈与を受けていたときは、その贈与財産の贈与時の価額を取得財産の価額に算入します。なお、その被相続人から相続開始前3年以内に取得した暦年課税の贈与財産がある場合には、その財産の価額を加算した金額が課税価格とみなされます。

期限後申告

期限を過ぎてからする申告です。税務署から決定があるまでは、申告が可能です。

通常は、期限後申告書の提出により無申告加算税及び延滞税が課せられますが、以下に掲げる相続税法の特則規定の《事由》に基づく期限後申告に該当すれば、それらの附帯税は課せられません。また、相続財産を公益法人等に贈与して租税特別措置法第70条の非課税の適用を受けた場合において、2年経過後にその財産が公益事業の用に供されていないなどで非課税要件を満

たさなくなったことにより新たに相続税の申告義務が生じた者の期限後申告書は、その2年を経過した日の翌日から4月以内に提出しなければならず、その期限までに提出すれば無申告加算税及び延滞税はかかりません。

《事由》
一 未分割財産について民法（寄与分を除く）の規定による相続分又は包括遺贈の割合に従って課税価格が計算されていた場合において、その後当該財産の分割が行われ、共同相続人又は包括受遺者が当該分割により取得した財産に係る課税価格が当該相続分又は包括遺贈の割合に従って計算された課税価格と異なることとなったこと。
二 民法の規定による認知、相続人の廃除又はその取消しに関する裁判の確定、相続の回復、相続の放棄の取消しその他の事由により相続人に異動を生じたこと。
三 遺留分による減殺の請求に基づき返還すべき、又は弁償すべき額が確定したこと。
四 遺贈に係る遺言書が発見され、又は遺贈の放棄があったこと。
五 条件を付して物納の許可がされた場合（当該許可が取り消され、又は取り消されることとなる場合に限る）において、当該条件に係る物納に充てた財産の性質その他の事情に関し政令で定めるものが生じたこと。
六 前各号に規定する事由に準ずるものとして政令で定める事由が生じたこと。

なお、上記事由に該当し、期限後申告書を提出できる者がその申告書を提出しなかった場合において、同一の被相続人から相続又は遺贈により財産を取得した他の者が上記事由により更正の請求をしたときには、税務署長はその更正の請求に基づく更正の基因となった事実を基礎として、その期限後申告書を提出しなかった者に対して決定をします。この場合に延滞税がかからないのは、決定通知書が発せられた日とその事由の生じた日の翌日から起算して4月を経過する日とのいずれか早い日までの期間になります。申告期限から5年（偽りその他不正の行為があった場合は7年）経過して税務署が決定できる期間を過ぎてしまっているときは、いずれかの相続人等から更正の

請求がなされない限りは、税務署長は決定できません。

【参考】相続税法
(期限後申告の特則)
第三十条　第二十七条第一項の規定による申告書の提出期限後において第三十二条第一項第一号から第六号までに規定する事由が生じたため新たに第二十七条第一項に規定する申告書を提出すべき要件に該当することとなつた者は、期限後申告書を提出することができる。

　　　　　　　　　　　　＊事由は前述《事由》一から六参照のこと。

(《事由》五、六の"政令で定める"について)
【参考】相続税法施行令
第八条　法第三十二条第一項第五号に規定する政令で定めるものは、次に掲げるものとする。
一　物納に充てた財産が土地である場合において、当該土地の土壌が土壌汚染対策法(平成十四年法律第五十三号)第二条第一項(定義)に規定する特定有害物質その他これに類する有害物質により汚染されていることが判明したこと。
二　物納に充てた財産が土地である場合において、当該土地の地下に廃棄物の処理及び清掃に関する法律(昭和四十五年法律第百三十七号)第二条第一項(定義)に規定する廃棄物その他の物で除去しなければ当該土地の通常の使用ができないものがあることが判明したこと。
2　法第三十二条第一項第六号に規定する政令で定める事由は、次に掲げる事由とする。
一　相続若しくは遺贈又は贈与により取得した財産についての権利の帰属に関する訴えについての判決があつたこと。
二　民法第九百十条(相続の開始後に認知された者の価額の支払請求権)の規定による請求があつたことにより弁済すべき額が確定したこと。
三　条件付の遺贈について、条件が成就したこと。

期限内申告

法定納期限までに提出する申告をいいます。期限までに申告しなければ、

無申告加算税及び延滞税が課せられます。相続税法では、以下の3種類の期限内申告についての期限を定めています。

1. 一般の場合

    相続の開始があったことを知った日の翌日から10月を経過する日

2. 相続財産法人に係る財産分与があった場合

    財産分与の事由が生じたことを知った日の翌日から10月を経過する日

3. 1.または2.の申告義務がある者が申告期限前に死亡し、相続人及び包括受遺者が申告義務を承継する場合

    本来の提出義務者の相続の開始があったことを知った日の翌日から10月を経過する日

上記1.については、「相続の開始があったことを知った日」の項目を参照してください。なお、申告義務がない場合でも、相続時精算課税に係る贈与税額の還付を受けるために、相続税の申告書を提出することができます。

【参考】相続税法
（相続税の申告書）
第二十七条　相続又は遺贈（当該相続に係る被相続人からの贈与により取得した財産で第二十一条の九第三項の規定の適用を受けるものに係る贈与を含む。以下この条において同じ。）により財産を取得した者及び当該被相続人に係る相続時精算課税適用者は、当該被相続人からこれらの事由により財産を取得したすべての者に係る相続税の課税価格（第十九条又は第二十一条の十四から第二十一条の十八までの規定の適用がある場合には、これらの規定により相続税の課税価格とみなされた金額）の合計額がその遺産に係る基礎控除額を超える場合において、その者に係る相続税の課税価格（第十九条又は第二十一条の十四から第二十一条の十八までの規定の適用がある場合には、これらの規定により相続税の課税価格とみなされた金額）に係る第十五条から第十九条まで、第十九条の三から第二十条の二まで及び第二十一条の十四から第二十一条の十八までの規定による相続税額があるときは、その相続の開始があつたことを知つた日の翌日から十月以内（その者が国税通則法第百十七条第二項（納税管理人）の規定による納税管理人の届出をしないで当該期間内にこの法律の施行地に住所及び居所を有しないこととなるときは、当該住所及び居所を有しない

こととなる日まで）に課税価格、相続税額その他財務省令で定める事項を記載した申告書を納税地の所轄税務署長に提出しなければならない。

2　前項の規定により申告書を提出すべき者が当該申告書の提出期限前に当該申告書を提出しないで死亡した場合には、その者の相続人（包括受遺者を含む。第五項において同じ。）は、その相続の開始があつたことを知つた日の翌日から十月以内（その者が国税通則法第百十七条第二項の規定による納税管理人の届出をしないで当該期間内にこの法律の施行地に住所及び居所を有しないこととなるときは、当該住所及び居所を有しないこととなる日まで）に、政令で定めるところにより、その死亡した者に係る前項の申告書をその死亡した者の納税地の所轄税務署長に提出しなければならない。

第3項〜第6項略

（相続財産法人に係る財産を与えられた者に係る相続税の申告書）

第二十九条　第四条に規定する事由が生じたため新たに第二十七条第一項に規定する申告書を提出すべき要件に該当することとなつた者は、同項の規定にかかわらず、当該事由が生じたことを知つた日の翌日から十月以内（その者が国税通則法第百十七条第二項（納税管理人）の規定による納税管理人の届出をしないで当該期間内にこの法律の施行地に住所及び居所を有しないこととなるときは、当該住所及び居所を有しないこととなる日まで）に課税価格、相続税額その他財務省令で定める事項を記載した申告書を納税地の所轄税務署長に提出しなければならない。

2　第二十七条第二項及び第四項から第六項までの規定は、前項の場合について準用する。

基礎控除

　相続税の総額を計算する場合において、課税価格の合計額から「3000万円＋600万円×法定相続人の数」で計算した金額（「遺産に係る基礎控除額」という）を控除します。遺産がこの金額の範囲内であれば申告義務もなく、税金がかからないため、課税最低限ともいわれています。平成6年1月1日から平成26年12月31日までに相続が開始した場合の基礎控除額は、「5000万円＋1000万円×法定相続人の数」により計算しました。平成27年1月1日以後の相続から基礎控除額が引き下げられました。

被相続人に養子がいる場合には、法定相続人の数に算入できる養子の数は限られています（「法定相続人の数」の項目を参照）。

寄与分

　共同相続人中に、被相続人の事業に関する労務の提供又は財産上の給付、被相続人の療養看護その他の方法により被相続人の財産の維持又は増加について特別の寄与をした者があるときは、被相続人が相続開始の時において有していた財産の価額から共同相続人の協議で定めたその者の寄与分を控除して各共同相続人の相続分を求め、寄与した者については、寄与分を加えた額をもってその者の相続分とします。

　遺産分割が整わない状態で相続税の申告書を提出する場合は、寄与分は考慮してはいけません。そもそも、未分割遺産の課税にあたって、分割ができていない状態で寄与分だけ決着しているということが想定外であるためです。

> 【参考】民法
> （寄与分）
> **第九百四条の二**　共同相続人中に、被相続人の事業に関する労務の提供又は財産上の給付、被相続人の療養看護その他の方法により被相続人の財産の維持又は増加について特別の寄与をした者があるときは、被相続人が相続開始の時において有した財産の価額から共同相続人の協議で定めたその者の寄与分を控除したものを相続財産とみなし、第九百条から第九百二条までの規定により算定した相続分に寄与分を加えた額をもってその者の相続分とする。

決定

　期限内申告書を提出すべき者が、申告書を提出しなかった場合に税務署長が税額を確定させる手続きです。

原則的評価方式

　取引相場のない株式を評価する場合において、取得者が支配株主グループに属しているときの評価方式です。会社の規模を総資産・従業員数・取引金額で大中小に区分し、大会社は類似業種比準価額（純資産価額との選択可）、中会社は類似業種比準価額と純資産価額を併用（会社規模が大きいほど類似業種比準価額を多く加味）、小会社は純資産価額（類似業種比準価額と純資産価額を50％ずつ併用も可）により評価します。

　支配株主グループとは、同族株主のことをいいますが、同族株主がいない会社の場合には、議決権総数の15％以上を有する株主グループが該当します。「同族株主」とは、株主の1人及びその同族関係者の有する議決権の合計が議決権総数の30％以上（議決権総数の50％超を有する株主グループがいる会社にあっては50％超）である場合におけるその株主グループをいいます。同族株主に該当すれば、取得した同族株式は原則的評価方式により評価します。ただし、同族株主であっても、取得者が役員ではなくかつ5％未満の議決権しか有しておらず、配偶者や親兄弟の有する議決権を合計しても25％に満たない場合には、その者が取得した株式については特例的評価方式である配当還元価額で評価できます。

更　正

　税務署長が、一旦確定した税額等を是正する手続きです。増額更正と減額更正があります。

更正の請求

　納付した税金が多過ぎた場合に還付を請求する手続きです。
　課税価格もしくは税額の計算に誤りがあった場合の更正の請求は、申告期

限から5年（贈与税は6年）以内に限られますが、税額計算等の基礎となった事実に関する訴えについての判決等があったことによる場合は、上記期限を過ぎていても、その訴え等の日の翌日から2月以内に限り認められます。

相続税法では、下記の《事由》に該当すれば、前述の期限にかかわらず、その事由が生じたことを知った日の翌日から4月以内に限り、更正の請求を認めています。なお、未分割財産が分割され、配偶者の相続税額の軽減を適用することにより、課税価格又は相続税額に異動が生じた場合の更正の請求の期限は、分割が行われた日から4月を経過する日と申告期限から5年を経過する日のいずれか遅い日となります。

《事由》
一 未分割財産について民法（寄与分を除く）の規定による相続分又は包括遺贈の割合に従って課税価格が計算されていた場合において、その後当該財産の分割が行われ、共同相続人又は包括受遺者が当該分割により取得した財産に係る課税価格が当該相続分又は包括遺贈の割合に従って計算された課税価格と異なることとなったこと。
二 民法の規定による認知、相続人の廃除又はその取消しに関する裁判の確定、相続の回復、相続の放棄の取消しその他の事由により相続人に異動を生じたこと。
三 遺留分による減殺の請求に基づき返還すべき、又は弁償すべき額が確定したこと。
四 遺贈に係る遺言書が発見され、又は遺贈の放棄があったこと。
五 条件を付して物納の許可がされた場合（当該許可が取り消され、又は取り消されることとなる場合に限る）において、当該条件に係る物納に充てた財産の性質その他の事情に関し政令で定めるものが生じたこと。
六 前各号に規定する事由に準ずるものとして政令で定める事由が生じたこと。
七 相続財産法人に係る財産分与の事由が生じたこと。
八 未分割財産が分割されたことにより、その分割が行われた時以後におい

て配偶者に対する相続税額の軽減の規定を適用して計算した相続税額がその時前において同規定を適用して計算した相続税額と異なることとなったこと（第一号に該当する場合を除く）。

九　次に掲げる事由が生じたこと。

　イ　国外転出をする場合の譲渡所得等の特例における納税猶予の適用を受けていた者のその納付の義務を承継した相続人が当該納税猶予分の所得税額に相当する所得税を納付することとなったこと。

　ロ　贈与により非居住者に資産が移転した場合の譲渡所得等の特例における納税猶予分の所得税額に係る納付の義務を承継した当該適用贈与者の相続人が当該納税猶予分の所得税額に相当する所得税を納付することとなったこと。

　ハ　相続等により非居住者に資産が移転した場合の譲渡所得等の特例の適用がある場合の納税猶予の規定の適用を受ける相続人が当該相続等納税猶予分の所得税額に相当する所得税を納付することとなったこと。

十　贈与税の課税価格計算の基礎に算入した財産のうちに生前贈与加算の規定により相続税の課税価格に加算するものがあったこと。

【参考】相続税法
（更正の請求の特則）
第三十二条　相続税又は贈与税について申告書を提出した者又は決定を受けた者は、次の各号のいずれかに該当する事由により当該申告又は決定に係る課税価格及び相続税額又は贈与税額（当該申告書を提出した後又は当該決定を受けた後修正申告書の提出又は更正があつた場合には、当該修正申告又は更正に係る課税価格及び相続税額又は贈与税額）が過大となつたときは、当該各号に規定する事由が生じたことを知つた日の翌日から四月以内に限り、納税地の所轄税務署長に対し、その課税価格及び相続税額又は贈与税額につき更正の請求（国税通則法第二十三条第一項（更正の請求）の規定による更正の請求をいう。第三十三条の二において同じ。）をすることができる。

　　　　　　　　　　＊事由は前述《事由》一から十参照のこと。

(《事由》五、六の"改令で定める"について)
【参考】相続税法施行令
第八条　法第三十二条第一項第五号に規定する政令で定めるものは、次に掲げるものとする。
一　物納に充てた財産が土地である場合において、当該土地の土壌が土壌汚染対策法（平成十四年法律第五十三号）第二条第一項（定義）に規定する特定有害物質その他これに類する有害物質により汚染されていることが判明したこと。
二　物納に充てた財産が土地である場合において、当該土地の地下に廃棄物の処理及び清掃に関する法律（昭和四十五年法律第百三十七号）第二条第一項（定義）に規定する廃棄物その他の物で除去しなければ当該土地の通常の使用ができないものがあることが判明したこと。
2　法第三十二条第一項第六号に規定する政令で定める事由は、次に掲げる事由とする。
一　相続若しくは遺贈又は贈与により取得した財産についての権利の帰属に関する訴えについての判決があつたこと。
二　民法第九百十条（相続の開始後に認知された者の価額の支払請求権）の規定による請求があつたことにより弁済すべき額が確定したこと。
三　条件付の遺贈について、条件が成就したこと。

国外転出時課税制度

次の①又は②の場合にはその出国又は贈与もしくは相続の時にその有価証券等を譲渡したものとみなして所得税が課税される制度で、平成27年7月1日以後の出国等から適用されている。

①　1億円以上の有価証券等を所有している居住者で、国外転出日前10年以内において国内在住期間の合計が5年超であるものが国内に住所及び居所を有しなくなる場合

②　贈与日又は相続開始日前10年以内において国内在住期間の合計が5年超かつ保有有価証券1億円以上である贈与者又は被相続人から、国外に居住する親族等（非居住者）へ贈与又は相続又もしくは遺贈により有価証券等の移転があった場合

この制度は未実現の含み益に対しての「みなし譲渡課税」であるため、納税資金の捻出が困難な場合を考慮して、納税管理人の届出書提出を要件として5年間の納税猶予が認められ、5年を経過する日までに帰国をした場合には、課税の取消しのために更正の請求ができる。在留期間が長くなる場合は、納税猶予期間を10年に延長することができる。譲渡等により含み益が実現し、その金額が課税された額を下回る場合には、更正の請求により所得税額等の減額が可能である。

　上記の国外転出時課税制度の創設に伴い、納税猶予の期限の延長を受ける①の者が死亡した場合、②の贈与者又は被相続人の相続人が納税猶予の適用を受けている場合において、財産を取得した受贈者又は相続人が死亡したときは、その死亡した者は原則として相続開始前5年以内のいずれかの時において国内に住所を有していたものとみなされ、遺産を取得した者は、財産の所在を問わずすべての財産が相続税課税されることとなった。

　また、納税猶予分の所得税等は相続税の課税価格の計算上債務控除の対象とはならないが、その納付義務を承継した相続人が実際に納付することとなった場合には、更正の請求ができるよう相続税法特則規定が整備されている。

さ行

災害減免法

　相続税が課税される財産が災害により被害を受けた場合において、次のいずれかの要件を満たすときは、それぞれの取扱いが認められています。

【要件】
(1) 相続税等の課税価格の計算の基礎となった財産の価額（債務控除後の価額）のうちに、被害を受けた部分の価額の占める割合が10分の1以上であること。

(2) 相続税の課税価格の計算の基礎となった動産等(注)の価額のうちに、動産等について被害を受けた部分の価額の占める割合が10分の1以上であること。
(注)「動産等」とは、動産(金銭及び有価証券を除く)、不動産(土地及び土地の上に存する権利を除く)及び立木をいう。

【取扱い】

(1) 申告期限前に被害を受けた場合

相続税等の課税価格に算入する価額は、被害を受けた財産の価額から被害額を控除した金額とすることができる。

(2) 申告期限後に被害を受けた場合

被害のあった日以後に納付すべき相続税のうち、次の算式により計算した税額が免除される。

【算式】

$$\text{被害のあった日以後に納付すべき相続税額} \times \frac{\text{被害額}^{(注)}}{\text{課税価格}\ (\text{債務控除後、贈与財産の価額は含まない})}$$

(注) 被害額は、被害を受けた財産の価額に被害割合を乗じて求める。被害割合は、被害を受けた財産の被害直前の価額を基に、保険金等により補てんされる金額を控除して計算する。

【参考】災害被害者に対する租税の減免、徴収猶予等に関する法律

第四条 相続税又は贈与税の納税義務者で災害に因り相続若しくは遺贈(贈与者の死亡に因り効力を生ずる贈与を含む。以下第六条第一項において同じ。)又は贈与(贈与者の死亡に因り効力を生ずる贈与を除く。以下第六条第二項において同じ。)に因り取得した財産について相続税法第二十七条から第二十九条までの規定による申告書の提出期限後に甚大な被害を受けたものに対しては、政令の定めるところにより、被害があつた日以後において納付すべき相続税又は贈与税(延滞税、利子税、過少申告加算税、無申告加算税及び重加算税を除く。)のうち、被害を受けた部分に対する税額を免除する。

第六条 相続税の納税義務者で災害に因り相続又は遺贈に因り取得した財産について相続税法第二十七条又は第二十九条の規定による申告書の提出期限前に

甚大な被害を受けたものの納付すべき相続税については、当該財産の価額は、政令の定めるところにより、被害を受けた部分の価額を控除した金額により、これを計算する。
略

財産の所在

相続税法第10条で制限納税義務者が取得した財産が課税されるかどうかを決定するにあたっての「財産の所在」は、預貯金は預入先、社債及び株式等は発行法人の本店の所在で判断し、国債及び地方債は国内財産、外国債は国外財産であることを定めています。

【参考】相続税法
第十条 次の各号に掲げる財産の所在については、当該各号に規定する場所による。
一 動産若しくは不動産又は不動産の上に存する権利については、その動産又は不動産の所在。ただし、船舶又は航空機については、船籍又は航空機の登録をした機関の所在
二 鉱業権若しくは租鉱権又は採石権については、鉱区又は採石場の所在
三 漁業権又は入漁権については、漁場に最も近い沿岸の属する市町村又はこれに相当する行政区画
四 金融機関に対する預金、貯金、積金又は寄託金で政令で定めるものについては、その預金、貯金、積金又は寄託金の受入れをした営業所又は事業所の所在
五 保険金については、その保険(共済を含む。)の契約に係る保険会社等(保険業又は共済事業を行う者をいう。第五十九条第一項において同じ。)の本店又は主たる事務所(この法律の施行地に本店又は主たる事務所がない場合において、この法律の施行地に当該保険の契約に係る事務を行う営業所、事務所その他これらに準ずるものを有するときにあつては、当該営業所、事務所その他これらに準ずるもの。次号において同じ。)の所在
六 退職手当金、功労金その他これらに準ずる給与(政令で定める給付を含む。)については、当該給与を支払った者の住所又は本店若しくは主たる事務所の所在

七　貸付金債権については、その債務者（債務者が二以上ある場合においては、主たる債務者とし、主たる債務者がないときは政令で定める一の債務者）の住所又は本店若しくは主たる事務所の所在

八　社債（特別の法律により法人の発行する債券及び外国法人の発行する債券を含む。）若しくは株式、法人に対する出資又は政令で定める有価証券については、当該社債若しくは株式の発行法人、当該出資のされている法人又は当該有価証券に係る政令で定める法人の本店又は主たる事務所の所在

九　法人税法第二条第二十九号（定義）に規定する集団投資信託又は同条第二十九号の二に規定する法人課税信託に関する権利については、これらの信託の引受けをした営業所、事務所その他これらに準ずるものの所在

十　特許権、実用新案権、意匠権若しくはこれらの実施権で登録されているもの、商標権又は回路配置利用権、育成者権若しくはこれらの利用権で登録されているものについては、その登録をした機関の所在

十一　著作権、出版権又は著作隣接権でこれらの権利の目的物が発行されているものについては、これを発行する営業所又は事業所の所在

十二　第七条の規定により贈与又は遺贈により取得したものとみなされる金銭については、そのみなされる基因となつた財産の種類に応じ、この条に規定する場所

十三　前各号に掲げる財産を除くほか、営業所又は事業所を有する者の当該営業所又は事業所に係る営業上又は事業上の権利については、その営業所又は事業所の所在

2　国債又は地方債は、この法律の施行地にあるものとし、外国又は外国の地方公共団体その他これに準ずるものの発行する公債は、当該外国にあるものとする。

3　第一項各号に掲げる財産及び前項に規定する財産以外の財産の所在については、当該財産の権利者であつた被相続人又は贈与をした者の住所の所在による。

4　前三項の規定による財産の所在の判定は、当該財産を相続、遺贈又は贈与により取得した時の現況による。

　なお、5000万円を超える国外財産を有する者が提出しなければならない国外財産調書においての財産の所在の判定も上記相続税法第10条によることとされていますが、振替口座等で管理がされている有価証券等については、同条の規定にかかわらず、その口座が開設された金融商品取引業者等の営業

所等の所在によることとされています。

財産評価通達205

　──▶「貸付金債権等」参照

債務控除

　相続人及び包括受遺者は、被相続人の債務でその者が負担する金額を相続税の課税財産から控除することができます。無制限納税義務者は負担した葬式費用も控除することができます。これを債務控除といいます。申告期限までに負担者が定まっていないときは、民法第900条（法定相続分）、第901条（代襲相続分）により負担額を計算します。第902条の指定相続分がある場合は、その相続分を適用します。制限納税義務者は控除できる債務が限定されています。

【参考】相続税法
（債務控除）
第十三条　相続又は遺贈（包括遺贈及び被相続人からの相続人に対する遺贈に限る。以下この条において同じ。）により財産を取得した者が第一条の三第一号又は第二号の規定に該当する者である場合においては、当該相続又は遺贈により取得した財産については、課税価格に算入すべき価額は、当該財産の価額から次に掲げるものの金額のうちその者の負担に属する部分の金額を控除した金額による。
一　被相続人の債務で相続開始の際現に存するもの（公租公課を含む。）
二　被相続人に係る葬式費用
2　相続又は遺贈により財産を取得した者が第一条の三第三号の規定に該当する者である場合においては、当該相続又は遺贈により取得した財産でこの法律の施行地にあるものについては、課税価格に算入すべき価額は、当該財産の価額から被相続人の債務で次に掲げるものの金額のうちその者の負担に属する部分の金額を控除した金額による。
一　その財産に係る公租公課

二　その財産を目的とする留置権、特別の先取特権、質権又は抵当権で担保される債務
三　前二号に掲げる債務を除くほか、その財産の取得、維持又は管理のために生じた債務
四　その財産に関する贈与の義務
五　前各号に掲げる債務を除くほか、被相続人が死亡の際この法律の施行地に営業所又は事業所を有していた場合においては、当該営業所又は事業所に係る営業上又は事業上の債務

3　前条第一項第二号又は第三号に掲げる財産の取得、維持又は管理のために生じた債務の金額は、前二項の規定による控除金額に算入しない。ただし、同条第二項の規定により同号に掲げる財産の価額を課税価格に算入した場合においては、この限りでない。

死因贈与

　贈与者の死亡によって効力が生じる贈与です。遺贈のような単独行為によるものではなく、贈与は契約なので、一方が意思表示をし相手方がこれを受諾することで成立します。したがって、口頭によることも可能です。しかし、その後贈与者について相続が開始（死亡）した場合において、相続人が単なる口約束の贈与を納得するかどうか、そして税務申告の際の添付書類などを考慮すると、公正証書によらずとも、書面による贈与がいいでしょう。

指定相続分

　遺言で共同相続人の相続分を定め、又はこれを定めることを第三者に委託することができます。この場合、その相続分の指定を受けた相続人はその指定された相続分を取得し、残りの相続分を他の相続人が民法の相続分で取得することになります。指定相続分は、相続税の申告期限までに被相続人の債務の負担者が定まっていないときの「債務控除」の計算にも使用しますが、「相続税の総額」の計算をする際には、決して使ってはならない相続分です。

【参考】民法
（遺言による相続分の指定）
第九百二条　被相続人は、前二条の規定にかかわらず、遺言で、共同相続人の相続分を定め、又はこれを定めることを第三者に委託することができる。ただし、被相続人又は第三者は、遺留分に関する規定に違反することができない。
2　被相続人が、共同相続人中の一人若しくは数人の相続分のみを定め、又はこれを第三者に定めさせたときは、他の共同相続人の相続分は、前二条の規定により定める。

重加算税

　仮装隠ぺいの事実があった場合に、過少申告加算税に代えて35％、無申告加算税に代えて40％の率で課せられる罰金の性質を有する税金です。

修正申告

　申告書を提出した者（決定を受けた者を含む）が、その提出等により納めた税額が少なかった場合に是正のためにすることができる申告です。
　通常は、修正申告書の提出により過少申告加算税及び延滞税が課せられますが、以下に掲げる相続税法の特則規定の《事由》に基づく修正申告に該当すれば、それらの附帯税は課せられません。なお、相続財産を国等に贈与して租税特別措置法第70条の非課税の適用を受けた場合において、2年経過後にその財産が公益事業の用に供されていないなどで非課税要件を満たさなくなったことにより、先に提出した申告に係る相続税額に不足が生じた者の修正申告書は、その2年を経過した日の翌日から4月以内に提出しなければならず、その期限内に提出すれば附帯税はかかりません。また、相続税の申告書を提出した者が、その後相続財産法人からの財産分与によりさらに財産を取得した場合にも、その修正申告書の提出は義務となっており、その財産分与の事由が生じたことを知った日の翌日から10か月以内に申告しなければなりません。

《事由》
一 未分割財産について民法（寄与分を除く。）の規定による相続分又は包括遺贈の割合に従って課税価格が計算されていた場合において、その後当該財産の分割が行われ、共同相続人又は包括受遺者が当該分割により取得した財産に係る課税価格が当該相続分又は包括遺贈の割合に従って計算された課税価格と異なることとなったこと。
二 民法の規定による認知、相続人の廃除又はその取消しに関する裁判の確定、相続の回復、相続の放棄の取消しその他の事由により相続人に異動を生じたこと。
三 遺留分による減殺の請求に基づき返還すべき、又は弁償すべき額が確定したこと。
四 遺贈に係る遺言書が発見され、又は遺贈の放棄があつたこと。
五 条件を付して物納の許可がされた場合（当該許可が取り消され、又は取り消されることとなる場合に限る。）において、当該条件に係る物納に充てた財産の性質その他の事情に関し政令で定めるものが生じたこと。
六 前各号に規定する事由に準ずるものとして政令で定める事由が生じたこと。

　なお、上記いずれかの事由に該当し、修正申告書を提出できる者がその申告書を提出しなかった場合において、同一の被相続人から相続又は遺贈により財産を取得した他の者がそれらの事由により更正の請求をしたときには、税務署長はその更正の請求に基づく更正の基因となった事実を基礎として、その修正申告書を提出しなかった者に対して更正をします。この場合、更正通知書が発せられた日とその事由の生じた日の翌日から起算して4月を経過する日とのいずれか早い日までの期間については、延滞税が課せられません。申告期限から5年（偽りその他不正の行為があった場合は7年）経過して税務署が更正できる期間を過ぎてしまっているときは、いずれかの相続人等から更正の請求がなされない限りは、税務署長は更正できません。

【参考】相続税法
(修正申告の特則)
第三十一条 　第二十七条若しくは第二十九条の規定による申告書又はこれらの申告書に係る期限後申告書を提出した者(相続税について決定を受けた者を含む。)は、次条第一項第一号から第六号までに規定する事由が生じたため既に確定した相続税額に不足を生じた場合には、修正申告書を提出することができる。
2　前項に規定する者は、第四条に規定する事由が生じたため既に確定した相続税額に不足を生じた場合には、当該事由が生じたことを知つた日の翌日から十月以内(その者が国税通則法第百十七条第二項(納税管理人)の規定による納税管理人の届出をしないで当該期間内にこの法律の施行地に住所及び居所を有しないこととなるときは、当該住所及び居所を有しないこととなる日まで)に修正申告書を納税地の所轄税務署長に提出しなければならない。

＊事由は前述《事由》一から六参照のこと。

(《事由》五、六の"政令で定める"について)
【参考】相続税法施行令
第八条　法第三十二条第一項第五号に規定する政令で定めるものは、次に掲げるものとする。
一　物納に充てた財産が土地である場合において、当該土地の土壌が土壌汚染対策法(平成十四年法律第五十三号)第二条第一項(定義)に規定する特定有害物質その他これに類する有害物質により汚染されていることが判明したこと。
二　物納に充てた財産が土地である場合において、当該土地の地下に廃棄物の処理及び清掃に関する法律(昭和四十五年法律第百三十七号)第二条第一項(定義)に規定する廃棄物その他の物で除去しなければ当該土地の通常の使用ができないものがあることが判明したこと。
2　法第三十二条第一項第六号に規定する政令で定める事由は、次に掲げる事由とする。
一　相続若しくは遺贈又は贈与により取得した財産についての権利の帰属に関する訴えについての判決があつたこと。
二　民法第九百十条(相続の開始後に認知された者の価額の支払請求権)の規定による請求があつたことにより弁済すべき額が確定したこと。
三　条件付の遺贈について、条件が成就したこと。

住宅取得資金の贈与税の非課税

　父母や祖父母などの直系尊属から住宅取得資金の贈与を受けた者が、下記1.の要件に該当した場合において、非課税の特例の適用を受ける旨を記載した贈与税の申告書に一定の書類を添付して、納税地の所轄税務署長に提出したときは、2.の非課税限度額の範囲内で、贈与を受けた住宅取得資金が非課税となります。

【1．受贈者についての要件】

（1）贈与を受けた時に日本国内に住所を有している、または日本に住所がない場合でも日本国籍を有し、かつ受贈者又は贈与者がその贈与前5年以内に日本国内に住所を有したことがあること。

（2）贈与者の直系卑属であること（配偶者の父母からの贈与は養子縁組があれば適用される）。

（3）贈与年の1月1日において、20歳以上であること。

（4）贈与年の所得税に係る合計所得金額が2000万円以下であること。

（5）贈与年の翌年3月15日までに贈与を受けた住宅取得資金全額を対価に充てて、日本国内において住宅用の家屋の新築等(注1)をすること。

（6）贈与年の翌年3月15日までにその家屋に居住すること又は同日後遅滞なくその家屋に居住することが確実であると見込まれること(注2)。

(注1) 家屋の新築又は取得並びに増改築等をいい、これらとともにするその敷地の用に供される土地等の取得を含む。新築又は増改築の場合には、贈与年の翌年3月15日において屋根を有し、土地に定着した建造物として認められるものが存在していなければならない。取得の場合には、贈与年の翌年3月15日までに引渡しを受けていなければならないため、贈与を受ける時期について検討する必要がある。また、自己の配偶者や親族など特別の関係がある者から取得等した場合には非課税の適用はない。

(注2) 贈与年の翌年12月31日までにその家屋に居住していない場合には、非課税の適用はなく、修正申告により贈与税を納付しなければならない。

【2．非課税限度額】

住宅用家屋の取得等に係る契約の締結期間	良質な住宅用家屋	左記以外の住宅用家屋
平成27年1月1日～ 平成27年12月31日	1500万円	1000万円
平成28年1月1日～ 平成28年9月30日	1200万円	700万円
平成28年10月1日～ 平成29年9月30日	3000（1200）万円	2500（700）万円
平成29年10月1日～ 平成30年9月30日	1500（1000）万円	1000（500）万円
平成30年10月1日～ 平成31年6月30日	1200（800）万円	700（300）万円

(注1) （ ）内の金額は、取得等の対価に含まれる消費税額が10%ではない場合の非課税限度額。

(注2) 良質な住宅用家屋とは、省エネ（断熱等性能等級4又は一次エネルギー消費量等級4以上）、耐震（耐震等級2以上又は免震建築物）、バリアフリー（高齢者等配慮対策等級3以上）のいずれかの性能を満たす家屋をいう。

取得費加算

　譲渡所得は、「収入金額−（取得費＋譲渡費用）」の算式により計算しますが、相続又は遺贈により取得した財産及び相続税課税された贈与財産を相続税の申告期限から3年以内に譲渡した場合には、譲渡所得の計算において、収入から控除する取得費に一定の相続税額を加算することができます。これを「取得費加算」といいます。次の算式で計算した金額を取得費に加算することができますが、加算する金額は、取得費を加算しないで計算した譲渡所得の金額が限度です。なお、平成27年1月1日以降の相続から、土地を譲渡した場合の取得費加算額の計算が改正されています。

【取得費加算する相続税額】

$$\text{その者の相続税額} \times \frac{\left[\begin{array}{c}\text{その者の相続税の課税価格の計算の}\\\text{基礎とされたその譲渡した財産の価額}\end{array}\right]}{\left[\begin{array}{c}\text{その者の相続税の}\\\text{課税価格}\end{array}\right] + \left[\begin{array}{c}\text{その者の}\\\text{債務控除額}\end{array}\right]} = \text{取得費に加算する相続税額}$$

　なお、平成27年1月1日より前に相続の開始があった場合には、土地等の譲渡は優遇されており、譲渡した者が納付した相続税額のうち、その者が相続又は遺贈により取得したすべての土地等に対応する相続税額を取得費に加算することができました（下記算式）。

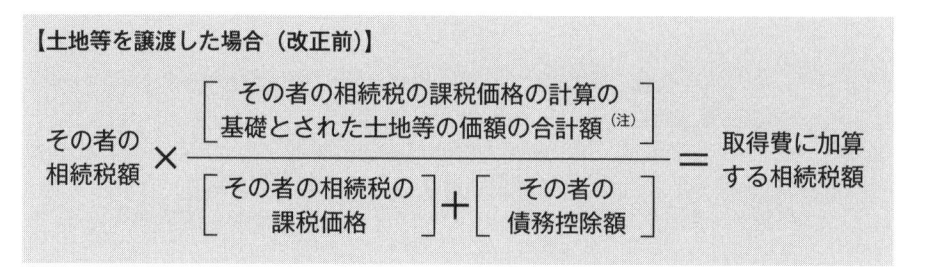

【土地等を譲渡した場合（改正前）】

$$\text{その者の相続税額} \times \frac{\left[\begin{array}{c}\text{その者の相続税の課税価格の計算の}\\\text{基礎とされた土地等の価額の合計額}^{(注)}\end{array}\right]}{\left[\begin{array}{c}\text{その者の相続税の}\\\text{課税価格}\end{array}\right] + \left[\begin{array}{c}\text{その者の}\\\text{債務控除額}\end{array}\right]} = \text{取得費に加算する相続税額}$$

（注1）　前年以前に既にこの特例を適用して取得費に加算された相続税額がある場合には、その金額を控除した額が取得費加算額の限度となる。
（注2）　土地等とは、土地及び土地の上に存する権利をいう。土地等には、相続時精算課税の適用を受けて、相続財産に合算された贈与財産である土地等や、相続開始前3年以内に被相続人から贈与により取得した土地等が含まれ、相続開始時において棚卸資産又は準棚卸資産であった土地等や物納した土地等及び物納申請中の土地等は含まない。

準確定申告

　被相続人が1月1日から3月15日の間に申告すべき所得税の確定申告をしないで死亡した場合又はその年1月1日から死亡の日までに被相続人に確定申告すべき所得がある場合は、相続人及び包括受遺者はその相続の開始があったことを知った日の翌日から4月以内に被相続人の所得について申告を

しなければなりません。これを「準確定申告」といいます。相続人が複数の場合は、各相続人の住所氏名及び法定相続分を記載した付表を添付しなければならず、通常は相続人が共同して提出します。被相続人が、法人に対して遺贈している場合又は共同相続人が限定承認した場合には、譲渡所得の申告が必要であるため、必ず準確定申告書を提出しなければなりません。

純資産価額

　非上場株式（取引相場のない株式）の評価をするにあたって使用する価額です。

　資産から負債を控除した金額を純資産と呼びますが、非上場会社の株式を評価する場合において、会社の有する資産及び負債を相続税評価額に評価替えして求めた純資産価額を発行済株式総数で除して、1株当たりの純資産価額を求めます。ただし、帳簿上の純資産に比し相続税評価による純資産のほうが大きいときは、その差額は値上がり益ととらえ、その差額に対して法人税相当額を乗じた金額を相続税評価による純資産から控除して、1株当たりの純資産価額を計算します。

　同族株主が取得した同族会社株式等は一定の場合を除き配当還元価額での評価はできず、その会社の規模に応じて次のようになります。この評価を原則的評価と呼び、同族株主以外が採用できる配当還元価額を特例的評価と呼んでいます。なお、一定割合以上の土地又は株式を保有する法人の株式を同族株主が取得した場合には、次の評価方式は採用できず、原則として純資産価額によることになります。

【会社規模に応じた原則的評価】

会社の規模	評価	選択適用できる評価
大会社	類似業種比準価額（A）	純資産価額（B）
中会社	A×L+B'×（1－L） （注2）　（注1）	B×B'×（1－L）
小会社	B'	A×0.5+B'×（1－0.5）

（注1） 上記算式中の「L」は、帳簿価額による純資産及び従業員数又は直前期末1年間の取引金額に応じて定められている。

（注2） 「B'」については、取得者が議決権割合50％以下のグループに属する場合には、Bの80％とする。

障害者控除

　相続又は遺贈により財産を取得した者が次の【要件】に該当する場合には、10万円（その者が特別障害者に該当するときは20万円）にその者が85歳に達するまでの年数（1年未満切上げ）を乗じて計算した金額を相続税額から控除します。その控除を受けることができる金額が相続税額から控除しきれなかった場合には、その控除しきれなかった部分の金額（控除不足額）は、扶養義務者の相続税額から控除することができます。過去にこの障害者控除の適用を受けて相続税の申告書を提出したことがある場合には、原則として今回の相続税の計算において、障害者控除を適用することはできませんが、最初に控除を受けた時の年齢で現行の控除額を使用して算出した金額から過去に控除を受けた金額をマイナスした残額がある場合には、今回の年齢で計算した控除限度額の範囲内でその残額を障害者控除額として相続税額から控除することができます。平成27年から1年当たりの控除額が6万円から10万円（特別障害者は12万円から20万円）に増額されているため、過去に障害者控除を受けた場合でも控除額が算出されることがありますので注意が必要です。また、前回の相続から今回の相続までの間に障害の程度が変わっている場合の計算は、次の【参考1】を確認してください。

【要件】
① 障害者であること（【参考2】参照）。
② 日本に居住していること。
③ 法定相続人（相続の放棄があった場合には、その放棄がなかったものとした場合における相続人）であること。

【参考1】

既に障害者控除の適用を受けたことがあり、当時と現在で障害の程度が異なる場合の計算

> 平成17年　父死亡　子A　当時一般障害者、年齢20歳
> 障害者控除額300円を適用して申告(注1)

⇩

> 平成27年　母死亡　子A　30歳
> 平成20年に障害の程度が1級に認定された(注2)

今回控除を受けることができる障害者控除額
　イ　（10万円×10年 ＋ 20万円×55年）－300万円＝900万円
　ロ　20万円×（85歳－30歳）＝1100万円
　　　　　イ≦ロ　∴今回の控除額900万円

(注1) 当時の1年当たりの障害者控除額は、一般障害者6万円、特別障害者12万円で、70歳に達するまでの年数とされていた。
(注2) 障害の程度が変わった時期は、控除額の計算に影響せず、前回の相続から今回の相続まで（10年）を一般障害者、今回の相続から85歳に達するまでの年数（55年）を特別障害者として現行の金額で控除を受けられるはずであった金額を求める（イのカッコの算式）。

【参考2】

障害者とは、次に掲げるような心身に障害のある人です。
• 精神上の障害により事理を弁識する能力を欠く常況にある人（特別障害者）
• 精神保健指定医などにより知的障害者と判定された人（重度の知的障害者と判定された人は特別障害者）

- 精神障害者保健福祉手帳の交付を受けている人（障害等級が1級と記載されている人は特別障害者）
- 身体障害者手帳に身体障害者として記載されている人（障害の程度が1級又は2級と記載されている人は特別障害者）
- いつも病床についていて、複雑な介護を受けなければならない人（特別障害者）
- 精神又は身体に障害のある65歳以上の人で、その障害の程度について市町村長や福祉事務所長の認定を受けた人

生前贈与加算

次の場合には、被相続人から相続開始前3年以内に取得した暦年課税の贈与財産は、贈与時の価額で、その者の相続税の課税価格に加算します。これを生前贈与加算といいます。

相続又は遺贈により財産を取得していること	（注1）
その被相続人から相続開始前3年以内に取得した贈与財産があること	（注2）

(注1) 生命保険金等のみなし財産の取得及びその被相続人からの相続時精算課税贈与による取得を含む。
(注2) 非課税財産及び特定贈与財産を除く。

その相続税に加算する贈与財産につき課せられた贈与税額があるときは、相続税額から控除します（贈与税額控除）。

生命保険契約に関する権利

生命保険契約があった場合において、次の【要件】すべてに該当するときは相続開始時における解約返戻金相当額が「生命保険契約に関する権利」として、相続税の課税財産になります。なお、被相続人が保険料の一部のみを負担していた場合には、その負担割合に見合う額が課税財産です。

【要件】

① 相続開始時に保険事故が発生していない（被保険者≠被相続人）。
② 掛捨て保険ではない。
③ 被相続人が保険料の全部又は一部を負担していた。

　上記において、契約者が被相続人の場合は、遺産分割協議で契約承継者を定めます。契約者が被相続人以外の場合には、その「生命保険契約に関する権利」はみなし相続遺贈財産となるため、自動的に契約者が課税対象者となります。

　被相続人が契約者であった生命保険契約について、相続による契約者変更が行われた場合には、これが相続税の課税漏れとなることがあるため、保険会社等は、契約者変更情報及び解約返戻金相当額等を記載した調書を、税務署長に提出することが義務付けられました。

　なお、「生命保険契約に関する権利」についての相続税の課税後に、被保険者が死亡して保険金が支払われた場合には、「生命保険契約に関する権利」について相続税課税された者が、その契約に係る保険料を負担したものとして課税される税目を判断します。

相次相続控除

　相続（第一次相続）開始後、10年以内に次の相続（第二次相続）が開始した場合に、1.の要件のもと、第一次相続の相続税の申告により納付した相続税額のうち2.で計算した金額を、今回の第二次相続における納付すべき相続額の計算上控除することができる制度です。これは、短期間に重ねて相続があった場合の税負担の過重を軽減させるためのもので、被相続人が納付した相続税額を1年で10％ずつ逓減した後の金額を控除対象として計算します（【2.控除できる金額】の算式中の$\frac{10-E}{10}$）。相続人にのみ適用される規定であるため、相続を放棄した者及び相続権を失った者はたとえ遺贈により財産を取得していても、この相次相続控除の適用はありません。

【1．要件】

(1) 第一次相続から第二次相続の開始までの期間が10年以内であること。
(2) 第二次相続における被相続人が第一次相続において相続人であり、相続税を納付していたこと。
(3) 適用を受ける者は、第二次相続の被相続人の相続人であること。

【2．控除できる金額】（相続人ごとに計算します）

$$A \times \frac{C}{B-A} \text{（求めた割合が} \frac{100}{100} \text{を超えるときは、} \frac{100}{100} \text{とする）} \times \frac{D}{C} \times \frac{10-E}{10}$$

＝ 控除額

（注）算式中の符号は、次のとおり。
A：第二次相続に係る被相続人が第一次相続により取得した財産（当該第一次相続に係る被相続人からの贈与により取得した財産で相続時精算課税の適用を受けるものを含む）につき課せられた相続税額（相続時精算課税の適用を受ける財産につき課せられた贈与税があるときは、当該課せられた贈与税の税額（外国税額控除適用前の税額とし、延滞税、利子税、過少申告加算税、無申告加算税及び重加算税に相当する税額を除く）を控除した後の金額をいう）
B：第二次相続に係る被相続人が第一次相続により取得した財産（当該第一次相続に係る被相続人からの贈与により取得した財産で相続時精算課税の適用を受けるものを含む）の価額（債務控除をした後の金額）
C：第二次相続により相続人及び受遺者の全員が取得した財産（当該相続に係る被相続人からの贈与により取得した財産で相続時精算課税の適用を受けるものを含む）の価額（債務控除をした後の金額）
D：第二次相続により当該控除対象者が取得した財産（当該相続に係る被相続人からの贈与により取得した財産で相続時精算課税の適用を受けるものを含む）の価額（債務控除をした後の金額）
E：第一次相続開始の時から第二次相続開始の時までの期間に相当する年数（1年未満の端数は切捨て）

相続時精算課税贈与

　この制度による贈与を選択した場合には、通常の暦年課税贈与と異なり、特定贈与者ごとにその年中において取得した財産の価額を合計し、贈与税の課税価格を求めます。そして、その特定贈与者ごとの課税価格から2500万円までの金額を控除することができます。特定贈与者それぞれから取得した贈与財産がそれぞれ累計で2500万円を超えた年度から、その超える部分の金額に20％を乗じて計算した贈与税額を納めます。

　この制度の適用を受けるためには、次の要件を満たさなければなりません。

【要件】
①受贈者は、その年1月1日において、20歳以上であること。
②受贈者は、贈与時において贈与者の直系卑属である推定相続人及び孫であること（平成26年12月31日以前は、孫は除外されていた）。
③贈与者は、その年1月1日において、60歳以上であること（この制度において「特定贈与者」という。なお、平成26年12月31日以前は、贈与者の年齢要件は原則65歳以上であった）。
④この制度の適用を初めて受ける場合には、贈与税の申告書の提出期間内に一定書類を添付した相続時精算課税選択届出書を納税地の所轄税務署長に提出しなければならない。

　なお、この選択届出書は撤回することができないので、この制度を一旦選択するとその特定贈与者からの贈与については、相続時精算課税贈与として取り扱われます。ただし、その特定贈与者から取得した農地等又は非上場株式等について贈与税の納税猶予の適用を受ける場合には、その農地等又は非上場株式等の贈与については、相続時精算課税は適用されません。

【相続時精算課税贈与と暦年課税贈与の相違点】

《贈与税に関して》

項目	相続時精算課税贈与	暦年課税贈与
贈与者	60歳以上の父母及び祖父母	要件なし
受贈者	20歳以上の子及び孫	要件なし
課税価格	特定贈与者ごとに合計	一暦年中の贈与財産すべて合計
基礎控除額	なし	毎年110万円
特別控除額	贈与者ごとに累計2500万円	なし
税率	2500万円を超えた部分に一律20%	基礎控除後の金額に超過累進税率を適用

《相続税に関して》

項目	相続時精算課税贈与	暦年課税贈与
相続税課税	被相続人である特定贈与者からの相続時精算課税贈与により取得した財産は、すべて課税	相続開始前3年以内に贈与を受けた財産のみ課税、ただし被相続人から遺産（みなし財産を含む）を取得しなければ相続税課税なし
債務控除	贈与財産の価額から控除できる	贈与財産の価額から控除できない
贈与税額控除	相続税額から控除しきれない金額は還付あり	還付はない
相次相続控除・外国税額控除	控除額の計算には贈与財産を含める	控除額の計算上、贈与財産は除く
物納	物納できない	物納できる

相続税額の加算

　配偶者及び一親等の血族以外は、納付すべき相続税額を計算する場合において、算出した相続税額にその100分の20に相当する金額を加算します。相続税額が2割増しとなるため、「2割加算」と呼ばれています。

　なお、養子は一親等ですが、被相続人の直系卑属（孫等）が養子になっている場合には、その養子は相続税額の「2割加算」対象者です。しかし、被相続人の直系卑属（子、孫等）が相続開始以前に死亡し、又は欠格・廃除に該当し相続権を失ったため、代襲して相続人となった者については、「2割

加算」の適用はありません。これは相続人となった場合に限られますので、代襲相続を放棄した場合には加算対象者となります。

　祖父母や兄弟姉妹は一親等ではありませんので、遺産を取得した場合には、必ず相続税額の「2割加算」が適用されます。

相続税の総額

　課税価格の合計額から遺産に係る基礎控除額を控除した金額を、その被相続人の法定相続人の数に応じた相続人が、法定相続分及び代襲相続分に応じて取得したものとした場合における各取得金額につき、それぞれ相続税の超過累進税率を乗じて計算した金額を合計した金額です。この金額を各相続人及び受遺者が実際に取得した財産額（課税価格）の割合で按分して各人の相続税額を求めます。したがって、課税価格の合計額が少ないほど、そして法定相続人の数が多いほど、相続税額が軽減されます。被相続人に養子がいる場合には、法定相続人の数に算入できる養子の数は、被相続人に実子がいるときは1人、実子がいない時は2人までに限られていますので、養子が多数存在しても、相続税の総額の計算に大きく影響することはありません。

【養子がいる場合の相続税の総額の計算（各人の課税価額）】

子A	子B	養子C	養子D	課税価格の合計額
1億円	1億円	7400万円	7400万円	3億4800万円

課税価格の合計額	基礎控除額	課税遺産額
3億4800万円	3000万円+600万円×3＝4800万円	3億円

法定相続人	法定相続分	法定相続分に応ずる各取得金額	相続税の総額の基となる税額
A	1／3	1億円	2300万円
B	1／3	1億円	2300万円
C又はD	1／3	1億円	2300万円

法定相続人の数	合計	相続税の総額	
3人	1		6900万円

相続税法第55条

　申告期限までに遺産が分割できていない場合の相続税の計算方法について定めた規定です。民法の相続分（寄与分を除く）により取得したものとして、申告する旨を規定しています。

【参考】相続税法
（未分割遺産に対する課税）
第五十五条　相続若しくは包括遺贈により取得した財産に係る相続税について申告書を提出する場合又は当該財産に係る相続税について更正若しくは決定をする場合において、当該相続又は包括遺贈により取得した財産の全部又は一部が共同相続人又は包括受遺者によつてまだ分割されていないときは、その分割されていない財産については、各共同相続人又は包括受遺者が民法（第九百四条の二（寄与分）を除く。）の規定による相続分又は包括遺贈の割合に従つて当該財産を取得したものとしてその課税価格を計算するものとする。ただし、そ

の後において当該財産の分割があり、当該共同相続人又は包括受遺者が当該分割により取得した財産に係る課税価格が当該相続分又は包括遺贈の割合に従つて計算された課税価格と異なることとなつた場合においては、当該分割により取得した財産に係る課税価格を基礎として、納税義務者において申告書を提出し、若しくは第三十二条第一項に規定する更正の請求をし、又は税務署長において更正若しくは決定をすることを妨げない。

相 続 人

　民法で定められている法定相続人の地位にある者が相続を放棄しなければ、その者は相続人です。もちろん限定承認した者も相続人です。
　相続は包括的承継ですので、税金面で不動産取得税は非課税です。登録免許税は軽減措置があります。相続税法では、包括承継する相続人に対して次の規定を設けており、また税額計算の場面では「放棄があった場合にはその放棄がなかったものとした場合における相続人」（以下、法定相続人という）を使用することとしています。
　相続税では、相続人と法定相続人を次のように使い分けています。
【相続人に適用がある規定】
　生命保険金及び退職手当金の非課税、相次相続控除、孫養子の相続税額の加算（2割加算）不適用、農地等の納税猶予、債務控除（ただし、相続税基本通達13-1により放棄者等にも葬式費用の控除は認められている）、立木の評価減、遺産が未分割の場合の計算、申告書の提出義務の承継
【法定相続人がかかわる箇所】
　未成年者控除及び障害者控除の適用、生命保険金及び退職手当金の非課税限度額の計算、遺産に係る基礎控除、相続税の総額の計算

相続人の欠格事由

　相続人の欠格事由に該当すれば、法律上当然にその効果を生じます。相続

税の申告や、登記の申請の際は、相続人を明らかにするため、欠格を証する書面を提出しなければなりません。遺言書に関する事由で相続欠格となる場合、欠格者が自身を自ら欠格事由に該当すると認めることは稀でしょう。そこで、他の相続人が欠格事由に該当することを家庭裁判所で認めてもらう手続きをとります。相続欠格者の子は、相続権を引き継いで代襲相続人となります。欠格者は遺贈による財産の取得もできませんが、その代襲相続人がその遺贈を承継することはできません。

【参考】民法
（相続人の欠格事由）
第八百九十一条　次に掲げる者は、相続人となることができない。
一　故意に被相続人又は相続について先順位若しくは同順位にある者を死亡するに至らせ、又は至らせようとしたために、刑に処せられた者
二　被相続人の殺害されたことを知って、これを告発せず、又は告訴しなかった者。ただし、その者に是非の弁別がないとき、又は殺害者が自己の配偶者若しくは直系血族であったときは、この限りでない。
三　詐欺又は強迫によって、被相続人が相続に関する遺言をし、撤回し、取り消し、又は変更することを妨げた者
四　詐欺又は強迫によって、被相続人に相続に関する遺言をさせ、撤回させ、取り消させ、又は変更させた者
五　相続に関する被相続人の遺言書を偽造し、変造し、破棄し、又は隠匿した者

相続人の廃除

　虐待や非行を重ねる者が兄弟姉妹であれば、他の推定相続人に全財産を遺贈するか、遺言でその兄弟姉妹の相続分を零とする指定をすることにより、遺産を取得させないことができますが、遺留分を有する推定相続人からはそのすべての相続権を奪うことができません。そこで、民法は廃除という制度を設けています。廃除は代襲相続の原因となり、廃除された者の子が代襲相続権を取得します。なお、相続人の排除は遺言でもできます。

【参考】民法
（推定相続人の廃除）
第八百九十二条 遺留分を有する推定相続人（相続が開始した場合に相続人となるべき者をいう。以下同じ。）が、被相続人に対して虐待をし、若しくはこれに重大な侮辱を加えたとき、又は推定相続人にその他の著しい非行があったときは、被相続人は、その推定相続人の廃除を家庭裁判所に請求することができる。

相続の開始があったことを知った日

「相続の開始があったことを知った日」は、各種手続きの期限に影響します。
① 相続放棄、限定承認、包括遺贈の放棄の申述は、相続の開始があったことを知った時から3月以内
② 準確定申告は、相続の開始があったことを知った日の翌日から4月以内
③ 相続税の申告は、相続の開始があったことを知った日の翌日から10月以内

なお、知った日とは、①の場合は「自己のために相続の開始があったことを知った日」、②の場合は「被相続人の死亡を知った日」、③の場合は相続税基本通達で次のように取り扱うこととしています。

【参考】
相続税基本通達27－4
　相続税法第27条第1項及び第2項に規定する「相続の開始があったことを知った日」とは、自己のために相続の開始があったことを知った日をいうのであるが、次に掲げる者については、次に掲げる日をいうものとして取り扱うものとする。なお、当該相続に係る被相続人を特定贈与者とする相続時精算課税適用者に係る「相続の開始があつたことを知つた日」とは、次に掲げる日にかかわらず、当該特定贈与者が死亡したこと又は当該特定贈与者について民法第30条（失踪の宣告）の規定による失踪の宣告に関する審判の確定のあったことを知った日となるのであるから留意する。
(1) 民法第30条及び第31条の規定により失踪の宣告を受け死亡したものとみなされた者の相続人又は受遺者　これらの者が当該失踪の宣告に関する審判の確定のあったことを知った日

(2) 相続開始後において当該相続に係る相続人となるべき者について民法第30条の規定による失踪の宣告があり、その死亡したものとみなされた日が当該相続開始前であることにより相続人となった者　その者が当該失踪の宣告に関する審判の確定のあったことを知った日
(3) 民法第32条（失踪の宣告の取消し）第1項の規定による失踪宣告の取消しがあったことにより相続開始後において相続人となった者　その者が当該失踪の宣告の取消しに関する審判の確定のあったことを知った日
(4) 民法第787条（認知の訴え）の規定による認知に関する裁判又は同法第894条第2項の規定による相続人の廃除の取消しに関する裁判の確定により相続開始後において相続人となった者　その者が当該裁判の確定を知った日
(5) 民法第892条又は第893条の規定による相続人の廃除に関する裁判の確定により相続開始後において相続人になった者　その者が当該裁判の確定を知った日
(6) 民法第886条の規定により、相続について既に生まれたものとみなされる胎児　法定代理人がその胎児の生まれたことを知った日
(7) 相続開始の事実を知ることのできる弁識能力がない幼児等　法定代理人がその相続の開始のあったことを知った日（相続開始の時に法定代理人がないときは、後見人の選任された日）
(8) 遺贈（被相続人から相続人に対する遺贈を除く。(9)において同じ。）によって財産を取得した者　自己のために当該遺贈のあったことを知った日
(9) 停止条件付の遺贈によって財産を取得した者　当該条件が成就した日
(注) これらの場合において、相続又は遺贈により取得した財産の相続税の課税価格に算入すべき価額は、相続開始の時における価額によるのであるから留意する。

贈与税額控除（相続時精算課税贈与に係る控除）

　被相続人から相続時精算課税贈与により取得した財産は、被相続人が死亡した場合には相続税の課税を受けますが、その財産につき課せられた贈与税額があるときは、相続税額からその贈与税額を控除します。この場合において、相続税額から控除しきれない贈与税額は相続税の申告書の提出を要件に還付を受けることができます。

贈与税額控除（暦年課税贈与に係る控除）

被相続人から相続又は遺贈により財産を取得した者が、その被相続人から相続開始以前3年以内に贈与により取得した財産は、相続税の課税価格に加算されます（生前贈与加算）。

この生前贈与加算される贈与財産につき課せられた又は課せられるべき贈与税額があるときは、その贈与税額は相続税額から控除します。これを贈与税額控除といいます。ただし、相続税額から贈与税を全額控除できず、控除不足額が生じた場合においても、その贈与税額が還付されることはなく、切捨てとなります。相続開始の年に被相続人から贈与を受けた財産で、生前贈与加算されるものは、贈与税は非課税で相続税課税のみとなるため、贈与税額控除はできません。

同一年度に被相続人以外の者から贈与を受けた場合には、次の算式で贈与税額控除額を求めます。

【贈与税額控除額】

$$\text{贈与を受けた年分の贈与税額}^{(注1)} \times \frac{\text{生前贈与加算された贈与財産の価額}}{\text{その年分の贈与税の課税価格}^{(注2)}}$$

(注1) 外国税額控除適用前、附帯税及び相続時精算課税に係る贈与税額を除く。
(注2) 贈与税の配偶者控除後、基礎控除前、相続時精算課税に係る課税価格を除く。

贈与税の納税猶予

農業経営又は会社経営の事業承継を税制面で支えるために、一定要件に該当する場合に、農地等又は株式等の贈与を受けた後継者の納付すべき贈与税額のうち、その農地等又はその株式等に対応する税額についての納税を猶予し、贈与者又は受贈者が死亡した場合にはその猶予されていた税額が免除になるという制度です。ただし、贈与者の死亡により納税猶予を受けていた税

額の納税が免除された場合には、特例の適用を受けて納税猶予の対象になっていた農地等又は株式等は、贈与者から相続又は遺贈により取得したものとみなされて農地は死亡時の価額で、株式等は贈与時の価額で相続税の課税対象となります。この場合において、一定要件を満たせば、相続税の納税猶予の制度へ移行することができます。

なお、贈与者の死亡までに受贈者が農業経営の廃止やその株式等を譲渡した場合などの一定の事由に該当した場合には、納税猶予を受けていた贈与税額全額を利子税とともに納付しなければなりません。この場合、贈与により課税が完結するので、贈与者が死亡した際にその農地または株式等が相続税の課税を受けることはありません。

贈与税の配偶者控除

次の【要件】を満たす場合には、贈与を受けた居住用不動産及び居住用不動産を取得するための金銭の合計額については、基礎控除に先だって、2000万円までの金額を贈与税の課税価格から控除することができます。これを贈与税の配偶者控除といいます。基礎控除110万円と別枠で控除を受けるので、その年に他の者からの贈与がない場合には、結果的に2110万円まで無税で贈与を受けることができます。ただし、不動産そのものの贈与の場合は、登記費用及び不動産取得税がかかります。

【要件】
① 贈与の時において婚姻期間が20年以上である配偶者からの贈与であること（トータルで計算するので継続して20年の必要はない）。
② 居住用不動産の贈与を受けた年の翌年3月15日までに居住の用に供し、その後継続して居住する見込みであること。
③ 金銭の贈与の場合は、贈与を受けた年の翌年3月15日までに居住用不動産を取得し、居住の用に供し、その後継続して居住する見込みであること。
④ 一定書類とともに申告書を提出すること。

なおこの特例は、同じ配偶者からの贈与の場合は1回限りの適用になりますが、別の配偶者からの贈与であれば再適用することができます。

租税特別措置法第70条

　相続財産を申告期限までに、国もしくは地方公共団体又は一定の公益法人等に贈与した場合には、期限内申告書を提出することを要件として、その贈与した財産は相続税の非課税財産となります。

【参考】租税特別措置法
(国等に対して相続財産を贈与した場合等の相続税の非課税等)
第七十条　相続又は遺贈により財産を取得した者が、当該取得した財産をその取得後当該相続又は遺贈に係る<u>期限内申告書</u>(これらの申告書の提出後において<u>相続財産法人に係る財産分与</u>の事由が生じたことにより取得した財産については、当該取得に係る<u>義務的修正申告書</u>)の提出期限までに国若しくは地方公共団体又は公益社団法人若しくは公益財団法人その他の公益を目的とする事業を行う法人のうち、教育若しくは科学の振興、文化の向上、社会福祉への貢献その他公益の増進に著しく寄与するものとして政令で定めるものに贈与をした場合には、当該贈与により当該贈与をした者又はその親族その他これらの者と<u>特別の関係がある者</u>の相続税又は贈与税の負担が不当に減少する結果となると認められる場合を除き、当該贈与をした財産の価額は、当該相続又は遺贈に係る相続税の課税価格の計算の基礎に算入しない。
2　前項に規定する政令で定める法人で同項の贈与を受けたものが、当該贈与があつた日から二年を経過した日までに同項に規定する政令で定める法人に該当しないこととなつた場合又は当該贈与により取得した財産を同日においてなおその公益を目的とする事業の用に供していない場合には、同項の規定にかかわらず、当該財産の価額は、当該相続又は遺贈に係る相続税の課税価格の計算の基礎に算入する。
第3項〜第10項略
(注:下線部分は筆者加筆等)

た行

代襲相続分

　推定相続人であった者が、被相続人より先に死亡している場合又は相続人の廃除もしくは欠格事由に該当した場合には、その者の子がその死亡した者又は相続権を失った者に代わって相続人となることができます。これを代襲相続といいます。代襲相続人の相続分は、被代襲者（親）の相続分を引き継ぎます。代襲相続人が複数いる場合は、被代襲者の相続分を均等に分けます。

【参考】民法
（代襲相続人の相続分）
第九百一条　第八百八十七条第二項又は第三項の規定により相続人となる直系卑属の相続分は、その直系尊属が受けるべきであったものと同じとする。ただし、直系卑属が数人あるときは、その各自の直系尊属が受けるべきであった部分について、前条の規定に従ってその相続分を定める。
2　前項の規定は、第八百八十九条第二項の規定により兄弟姉妹の子が相続人となる場合について準用する。

代償分割

　共同相続人又は包括受遺者のうちの１人又は数人が相続又は包括遺贈により財産の現物を取得し、その現物を取得した者が他の共同相続人又は包括受遺者に対して自己の財産（金銭等）を交付するという債務を負担する遺産分割の方法です。分割が困難であるような財産の現物を１人の者が取得するような場合にも利用されます。代償分割があった場合には、金銭等の交付を受けた者は、相続遺贈財産にその金銭等の額（代償財産の額）を加算し、交付をした者は、相続遺贈財産からその代償財産の額を控除して課税価格を計算します。交付する財産が金銭以外の場合には、交付する者について譲渡所得の課税が生じます。また、一定の場合には、代償財産の額を相続税評価額ベー

スに圧縮することが認められています。

【参考】相続税基本通達
(代償分割が行われた場合の課税価格の計算)
11の2-9　代償分割の方法により相続財産の全部又は一部の分割が行われた場合における法第11条の2第1項又は第2項の規定による相続税の課税価格の計算は、次に掲げる者の区分に応じ、それぞれ次に掲げるところによるものとする。
(1) 代償財産の交付を受けた者　相続又は遺贈により取得した現物の財産の価額と交付を受けた代償財産の価額との合計額
(2) 代償財産の交付をした者　相続又は遺贈により取得した現物の財産の価額から交付をした代償財産の価額を控除した金額
(注)「代償分割」とは、共同相続人又は包括受遺者のうち1人又は数人が相続又は包括遺贈により取得した財産の現物を取得し、その現物を取得した者が他の共同相続人又は包括受遺者に対して債務を負担する分割の方法をいうのであるから留意する。

【参考】相続税基本通達
(代償財産の価額)
11の2-10　11の2-9の(1)及び(2)の代償財産の価額は、代償分割の対象となった財産を現物で取得した者が他の共同相続人又は包括受遺者に対して負担した債務(以下「代償債務」という。)の額の相続開始の時における金額によるものとする。
　ただし、次に掲げる場合に該当するときは、当該代償財産の価額はそれぞれ次に掲げるところによるものとする。
(1) 共同相続人及び包括受遺者の全員の協議に基づいて代償財産の額を次の(2)に掲げる算式に準じて又は合理的と認められる方法によって計算して申告があった場合　当該申告があった金額
(2) (1)以外の場合で、代償債務の額が、代償分割の対象となった財産が特定され、かつ、当該財産の代償分割の時における通常の取引価額を基として決定されているとき　次の算式により計算した金額
$$A \times C/B$$

(注) 算式中の符号は、次のとおりである。
　Aは、代償債務の額
　Bは、代償債務の額の決定の基となった代償分割の対象となった財産の代償分割の時における価額
　Cは、代償分割の対象となった財産の相続開始の時における価額（評価基本通達の定めにより評価した価額をいう。）

単純承認

　民法第920条において単純承認したときは、無限に被相続人の権利義務を承継するとされています。相続財産を処分したような場合や熟慮期間内に限定承認も相続の放棄もしない場合は、単純承認（法定単純承認）したことになります。熟慮期間とは、相続の開始があったことを知った日から3か月です。

定期金に関する権利の評価

　年金等の形式で支給される生命保険金等又は退職手当金等を取得した場合には、受給内容により次の方法で評価した金額が課税されます。

【評価】

1. 支給期間が定められているもの（有期定期金）
　　次に掲げる金額のうちいずれか多い金額
　イ　解約するとしたならば支払われるべき解約返戻金の金額
　ロ　定期金に代えて一時金の給付を受けることができる場合には、一時金の金額
　ハ　給付残存期間に応じ、1年当たりの給付金額にその契約に係る予定利率による複利年金現価率を乗じて得た金額

2. 受給者が死亡するまで支給されるもの（終身定期金）
　　次に掲げる金額のうちいずれか多い金額
　イ　解約するとしたならば支払われるべき解約返戻金の金額
　ロ　定期金に代えて一時金の給付を受けることができる場合には、一時金の金額

ハ　受給者の余命年数に応じ、1年当たりの給付金額にその契約に係る予定利率による複利年金現価率を乗じて得た金額
　3．受給者が死亡するまで支給されるが、一定期間内に受給者が死亡した場合には残存期間遺族に支払われる、いわゆる保証期間付終身定期金の価額は、1．又は2．で評価した金額のいずれか多い金額

　被相続人が取得していた退職年金又は保険金等を遺族が継続受給する「契約に基づかない定期金に関する権利」又は「保証期間付定期金に関する権利」の評価は、一時金で取得する場合はその一時金の額で評価しますが、残存期間を定期金で取得する場合は1．の有期定期金の評価によることになります。

特則規定（相続税法に規定する期限後申告、修正申告、更正の請求）

　国税通則法において納税者は、申告期限経過後においても税務署長が決定（課税庁側による税額確定手続き）するまでは、「期限後申告書」を提出することができ、税務署長が更正（確定した税額の是正手続き）するまでは、「修正申告書」を提出することができるとされていますが、これらの申告書の提出により、通常は無申告加算税又は過少申告加算税が賦課され、延滞税もかかります。しかし、相続税法では、次の一から六の事由に該当することによる期限後申告及び修正申告については、それらの加算税及び延滞税は課さないこととしています。また、国税通則法の更正の請求（既に確定した税額が過大であったために行う還付請求）は、税額計算の誤りがあった場合や判決等があった場合などに限られていますが、相続税法においては、次の一から十の事由に該当すれば、その事由が生じたことを知った日の翌日から4月以内に限り更正の請求ができます。相続税法独特の事由であり、相続税法の特則規定と呼んでいます。

《事由》
一　未分割財産について民法（寄与分を除く。）の規定による相続分又は包括遺贈の割合に従って課税価格が計算されていた場合において、その後

当該財産の分割が行われ、共同相続人又は包括受遺者が当該分割により取得した財産に係る課税価格が当該相続分又は包括遺贈の割合に従って計算された課税価格と異なることとなったこと。
二 民法の規定による認知、相続人の廃除又はその取消しに関する裁判の確定、相続の回復、相続の放棄の取消しその他の事由により相続人に異動を生じたこと。
三 遺留分による減殺の請求に基づき返還すべき、又は弁償すべき額が確定したこと。
四 遺贈に係る遺言書が発見され、又は遺贈の放棄があったこと。
五 条件を付して物納の許可がされた場合（当該許可が取り消され、又は取り消されることとなる場合に限る。）において、当該条件に係る物納に充てた財産の性質その他の事情に関し政令で定めるものが生じたこと。
六 前各号に規定する事由に準ずるものとして政令で定める事由が生じたこと。
七 相続財産法人に係る財産分与の事由が生じたこと。
八 未分割財産が分割されたことにより、その分割が行われた時以後において配偶者に対する相続税額の軽減の規定を適用して計算した相続税額がその時前において同規定を適用して計算した相続税額と異なることとなったこと（第一号に該当する場合を除く。）。
九 次に掲げる事由が生じたこと。
　イ 国外転出をする場合の譲渡所得等の特例における納税猶予の適用を受けていた者のその納付の義務を承継した相続人が当該納税猶予分の所得税額に相当する所得税を納付することとなったこと。
　ロ 贈与により非居住者に資産が移転した場合の譲渡所得等の特例における納税猶予分の所得税額に係る納付の義務を承継した当該適用贈与者の相続人が当該納税猶予分の所得税額に相当する所得税を納付することとなったこと。
　ハ 相続等により非居住者に資産が移転した場合の譲渡所得等の特例の適

用がある場合の納税猶予の規定の適用を受ける相続人が当該相続等納税猶予分の所得税額に相当する所得税を納付することとなったこと。
十　贈与税の課税価格計算の基礎に算入した財産のうちに、相続又は遺贈により財産を取得した者が相続開始の年において被相続人から受けた贈与により取得した財産の価額で生前贈与加算の規定により相続税の課税価格に加算するものがあったこと。

特定遺贈

「遺贈」参照

特定計画山林の特例

　林業後継者である被相続人の親族が、その被相続人から一定の区域内に存する山林（特定計画山林）を相続又は遺贈（相続時精算課税に係る贈与を含む）により取得した場合には、一定要件のもとにその評価額を5％減額することができます。ただし、限度面積まで小規模宅地等の特例を受ける場合には適用はありません。

特定贈与財産

　「特定贈与財産」とは、婚姻期間が20年以上である配偶者から贈与を受けた居住用不動産又は居住用不動産を取得するための金銭の贈与について、贈与税の配偶者控除（2000万円限度）の適用により控除された又は控除されることとなる金額をいいます。
　被相続人から相続又は遺贈により財産を取得した者は、その被相続人から相続開始前3年以内に贈与を受けた財産は相続税の課税価格に加算しなければなりませんが、この「特定贈与財産」は加算の必要はありません。つまり、

贈与税の課税も相続税の課税も受けません。

相続開始の年に被相続人から贈与を受けた財産で、相続税の課税価格に加算されるものは贈与税は非課税ですが、被相続人の配偶者が相続開始の年に贈与により居住用不動産又はその取得のための金銭の贈与を受け、その贈与についての贈与税の配偶者控除相当額が「特定贈与財産」として相続税課税されないためには、相続税の申告書にその財産の価額を贈与税の課税価格に算入する旨を記載します。そして、一定の書類を添付した贈与税の申告が必要です。もちろん贈与税の配偶者控除の適用により控除されることとなる金額であるため、贈与税はかかりません。

特別受益

特別受益とは、相続人が、被相続人から婚姻、養子縁組のため、もしくは生計の資本として生前贈与や遺贈を受けているときの、その利益をいいます。この利益を遺産分割の際に考慮して、今回相続により取得する財産額を計算することが、相続人間における公平な遺産の分割を可能にします。遺産分割について争いがある場合には、必ずこの特別受益が問題となります。次に掲げるように、①誰に対する贈与が特別受益に該当するのか、②どのような贈与が特別受益に該当するのか、③生命保険金等のみなし財産は特別受益に該当するのか、④特別受益として持ち戻す（遺産分割の基礎財産に加えること）価額はいつの時点の価額とすべきか、などを検討することになります。

① 当然、「相続人」に対するものですが、祖父より先に父が死亡していたため、祖父の相続で代襲相続人となった者の特別受益は、被代襲者である父が祖父から受けた贈与を含むことになります。
② 被相続人の生活状況等も考慮して、一般的な結婚資金や教育資金及び扶養のための生活費は特別受益には該当しないでしょう。不動産の贈与、相当な額の動産や金銭又は有価証券等の贈与は特別受益とされるでしょう。相続人が被相続人の土地を無償で借りて家を建てているような場合

には、その使用貸借権が特別受益とされることもあります。
③ 相続税法で課税の公平のために財産と擬制して課税することとしている生命保険金等のみなし財産は、民法上の本来の財産ではありませんので、通常は特別受益としては扱いません。しかし、「保険金受取人である相続人とその他の共同相続人との間に生ずる不公平が民法第903条の趣旨に照らし到底是認することができないほどに著しいものであると評価すべき特段の事情が存する場合」には特別受益に準じて持ち戻すという判例があります。
④ 相続開始時の価額で評価します。贈与財産が受贈者の行為により滅失又は増減していた場合においても、その行為がなかったものとして、現状あるものとみなした場合における相続開始時の価額によることになります。その滅失等が天災等での不可抗力による場合は、受贈者にとって不利益とならないように、滅失等を考慮した価額とします。金銭については、贈与時と相続開始時で貨幣価値が大きく変動している場合は、相続開始時の貨幣価値に換算して評価します。

特別受益者の相続分

共同相続人中に、被相続人から遺贈を受け、又は婚姻もしくは養子縁組のためもしくは生計の資本として贈与を受けた者（特別受益者）があるときに、その「贈与及び遺贈がなかったとした場合の遺産総額」を基に、法定相続分、代襲相続分及び指定相続分を適用して、各相続人の相続分を算定し、その相続分から特別受益である遺贈又は贈与の価額を控除した残額が、その特別受益者の相続分となります。

相続税法では、相続税の申告期限までに遺産分割協議が成立していない場合には、民法第900条からこの第903条までの規定により計算した相続分で遺産を取得したものとして、相続税の課税価格を計算することと定めています。民法第904条の2の寄与分は考慮されません。

「贈与及び遺贈がなかったとした場合の遺産総額」は、被相続人が相続開始の時において有した財産の価額にその贈与財産の相続開始時の価額を加算して計算しますが、この加算を「特別受益の持ち戻し」と表現します。贈与財産を除却等した場合、譲渡していた場合などにおいても相続開始時に現状あるものとみなした価額で持ち戻します。

　被相続人は、遺留分に反しない範囲で「特別受益の持ち戻し」の免除などの意思表示ができます。

【参考】民法
（特別受益者の相続分）
第九百三条　共同相続人中に、被相続人から、遺贈を受け、又は婚姻若しくは養子縁組のため若しくは生計の資本として贈与を受けた者があるときは、被相続人が相続開始の時において有した財産の価額にその贈与の価額を加えたものを相続財産とみなし、前三条の規定により算定した相続分の中からその遺贈又は贈与の価額を控除した残額をもってその者の相続分とする。
2　遺贈又は贈与の価額が、相続分の価額に等しく、又はこれを超えるときは、受遺者又は受贈者は、その相続分を受けることができない。
3　被相続人が前二項の規定と異なった意思を表示したときは、その意思表示は、遺留分に関する規定に違反しない範囲内で、その効力を有する。
第九百四条　前条に規定する贈与の価額は、受贈者の行為によって、その目的である財産が減失し、又はその価格の増減があったときであっても、相続開始の時においてなお原状のままであるものとみなしてこれを定める。

な行

根抵当権

　一定の範囲に属する不特定の債権を、極度額の限度において担保するために設定する抵当権です。継続的な取引関係にある事業者間に生じる債権を担保するために利用されます。

は行

配偶者に対する相続税額の軽減

　配偶者が相続又は遺贈により財産を取得した場合には、配偶者の法定相続分相当額に対応する相続税額を、配偶者の税額として算出した相続税額から控除できます。なお、配偶者の法定相続分相当額が1億6000万円未満である場合は、配偶者が法定相続分を超える財産を取得したとしても、1億6000万円に対応する相続税額を算出相続税額から控除できます。したがって、配偶者はその取得した財産が1億6000万円までであれば税金はかからず、1億6000万円を超える場合でも、法定相続分以下であれば税金はかかりません。血族相続人がいない場合には、配偶者がどれほど多額の遺産を取得したとしても、この制度を利用すれば納付税額は生じません。

　具体的には次の算式で、配偶者の相続税額から控除できる金額を求めます。

【配偶者の相続税額の軽減額を求める算式】

$$相続税の総額 \times \frac{次のA又はBいずれか少ない金額}{課税価格の合計額}$$

A　課税価格の合計額に配偶者の法定相続分（放棄がなかったものとした場合の相続分）を乗じた金額
　　（その金額が1億6000万円に満たない場合は1億6000万円）
B　配偶者の課税価格

配当還元価額

　配当還元方式で評価した価額で、非上場会社の株式（取引相場のない株式）を評価する場合において、その株式を取得する者が、会社において支配力を

有していない同族株主等以外の場合に使用できる価額です。

　直前期末以前２年間の配当金（特別配当を除く）の合計額を２分の１にし、発行済株式総数で除して計算した１株当たりの配当金を10倍した評価額になります。ただし、最低でも１株当たりの資本金等の半分の金額を評価額とします。

配当期待権

　株式等の配当が、相続開始後に支払われる場合があります。この場合において、被相続人が配当金を取得する権利を有していた、すなわち、相続開始の日が配当金交付基準日（通常は決算日）と配当金効力発生日（通常は株主総会の日）の間にある場合は、源泉徴収税額控除後の予想配当金を「配当期待権」として、株式とともに課税財産に計上しなければなりません。

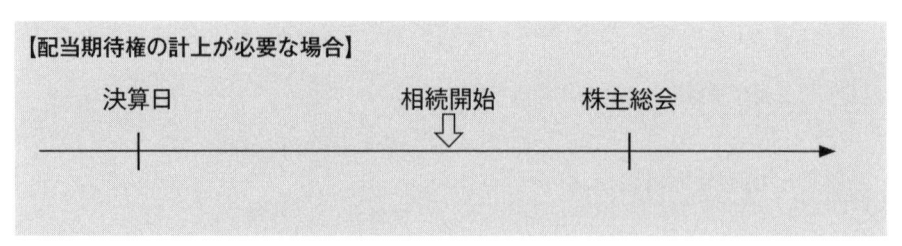

【配当期待権の計上が必要な場合】

```
決算日              相続開始        株主総会
  |                   ⇩              |
——|———————————————————|——————————————|——————→
```

　相続開始の日が配当金効力発生日より後の場合において、配当金が振り込まれた又は送付された配当金通知書があるときには、振り込まれた額又は税引き後の配当金の額を課税財産とします。配当金通知書がまだ届いていない場合であっても、配当期待権としてではなく「未収配当金」として相続財産に計上します。名称は変わりますが、課税金額は配当期待権と同額です。

物　　納

　納付税額について延納によっても金銭納付が困難な場合に、税務署長に申請することにより、相続税課税された財産（相続時精算課税適用財産を除く）

を納付に充てることができる制度です。ただし、どのような財産でも物納できるわけではなく、管理や処分が困難な財産は物納ができません。また、物納財産の順位も決められており、国債や不動産があれば社債や株式の物納は認められないといったように種々の細かな規定が定められています。

扶養義務者

　相続税法では、未成年者控除額または障害者控除額が控除対象者である未成年または障害者自身の相続税額から引ききれない場合には、その者の扶養義務者の相続税額からの控除を認めています。また、債務の引受けや財産上の利益の供与があった場合には、その債務引受や利益供与を受ける者が、その債務や利益相当額を遺贈又は贈与により取得したものとみなされて相続税または贈与税の課税を受けますが、その行為が、その者が資力を喪失して債務を弁済することが困難な場合において、その者の扶養義務者から債務の弁済に充てるためになされたものであるときは、課税されません。

　「扶養義務者」とは、配偶者並びに民法第877条の規定による直系血族及び兄弟姉妹並びに家庭裁判所の審判を受けて扶養義務者となった三親等内の親族です。なお、相続税では三親等内の親族で生計を一にする者については、家庭裁判所の審判がない場合であっても「扶養義務者」に該当するものとして取り扱う旨が相続税基本通達で規定されています。

包括遺贈

「遺贈」参照

法定相続人

　法定相続人は民法で定められており、配偶者相続人と血族相続人です。被

相続人に配偶者がいる場合には、配偶者は血族相続人とともに常に相続人になります。血族相続人とは血縁のある一定の親族で、相続人になるには順位があり、先の順位の人がいれば、後順位の人は相続人にはなれません。相続人になる順位は、以下の通りです。

第一順位	子（代襲相続人である孫、曾孫などを含む）
第二順位	直系尊属（父母、祖父母など）
第三順位	兄弟姉妹（代襲相続人である甥又は姪を含む）

したがって、配偶者がいる場合の法定相続人は次のようになります。
① 配偶者と子（子が死亡又は相続権を失っているときは、その代襲者）
② 子がいない場合は、配偶者と直系尊属（親等の近いものから相続人となる）
③ 子も直系尊属もいない場合は、配偶者及び兄弟姉妹（兄弟姉妹が死亡又は相続権を失っているときは、その子）
④ 血族相続人がいない場合には、配偶者のみ

(注1) 配偶者とは正式な婚姻関係にある者に限られる。
(注2) 代襲相続とは、被代襲者（当初相続人の地位にあった者）が被相続人の死亡以前に死亡している場合、相続欠格事由に該当した場合、相続人の廃除がなされた場合に、被代襲者の子が相続人の地位を承継することである。死亡の前後が不明な場合は同時死亡と推定されるため、代襲相続の原因となる。なお、養子が死亡していたため、その養子の子が代襲相続人になれるのは養子縁組後に出生した子に限られる。養子は養子縁組後に被相続人と法的な血族関係が生じるため、養子縁組前の養子の子と被相続人に血族関係は認められないからである。

代襲相続の事由に該当した者が第一順位の血族相続人であった場合においては、代襲の回数に制限はなく、次の直系卑属に代襲相続が起こるが、第三順位の相続の場合は、代襲は一度限りで結果的に相続人になれるのは、甥又は姪までとなる。相続の放棄は、代襲相続の原因にはならないので、放棄した者の子が相続人になることはない。
(注3) 第二順位の相続人は、「直系尊属」であるから、代襲という概念はない。親等の近いものから相続人になる。仮に父母が相続を放棄したとして二親等又は三親等の祖父母や曾祖父母という直系尊属がいれば、兄妹姉妹は相続人にはなれない。

（注4）法定相続人である者が相続を放棄した場合には、最初から相続人ではなかったものとみなされ、次順位の血族相続人がいるときはその順位の者が相続人になる。相続の放棄により恣意的に相続人の数などに変動を生じさせることができるため、相続税法では、相続人を「相続の放棄があった場合にはその放棄がなかったものとした場合における相続人」と「相続開始以前に死亡した者及び相続権を失った者を含まない相続人」との2種類に区分して、相続税を計算するうえで使い分けている。

法定相続人の数

　被相続人の法定相続人の数は、「生命保険金又は退職手当金の非課税限度額の計算」、「遺産に係る基礎控除額の計算」及び「相続税の総額の計算」をする場合に使用します。被相続人に養子がある場合に法定相続人の数に算入する養子の数は、被相続人に実子がある場合は1人まで、実子がない場合は2人までに限られます。この場合において、特別養子、配偶者の実子で被相続人の養子となった者、実子もしくは養子又はその直系卑属が相続開始以前に死亡し又は相続権を失ったため代襲して法定相続人となった者は、実子とみなされます。

　ただし、この養子の数についての算入制限は、被相続人の養子を法定相続人の数に算入するうえでの制限ですので、子が被相続人よりも先に死亡しているために子の養子が法定相続人となる場合、また、父母が複数の者と養子縁組をしたため法定相続人となる兄弟姉妹が複数存在することとなる場合には、法定相続人の数への算入制限はありません。

法定相続分

配偶者がいる場合の配偶者と血族相続人の法定相続分は以下の通りです。

配偶者と子	配偶者	2分の1	注1、注2、注4
	子	2分の1	
配偶者と直系尊属	配偶者	3分の2	注1
	直系尊属	3分の1	
配偶者と兄弟姉妹	配偶者	4分の3	注1、注3
	兄弟姉妹	4分の1	

(注1) 血族相続人が複数の場合は、相続分を均等に分ける。
(注2) 嫡出子と非嫡出子の相続分に差はない。最高裁の判決が確定したことにより、平成25年9月5日以後に相続税の申告書を提出するときは、非嫡出子の相続分を嫡出子の相続分の2分の1とする従前の法律の適用はない。現在は民法も改正されている。
(注3) 父母双方を同じくする兄弟を全血兄弟姉妹といい、父母の一方のみを同じくする兄弟姉妹を半血兄弟姉妹という。民法では半血兄弟姉妹の相続分は全血兄弟姉妹の相続分の2分の1と規定されている。なお、兄弟姉妹は、親の嫡出子であろうと非嫡出子であろうと被相続人からは、全血か半血かの区別しかないので、民法改正の影響は受けない。ただし、兄弟姉妹の代襲相続の段階では、嫡出子と非嫡出子の区別はあるが、民法改正により相続分に差はなくなった。
(注4) 代襲相続人である孫が、その被相続人の養子となっている場合は、その者の相続分は、代襲相続人としての相続分と養子としての相続分の合計になる。なお、相続税の基礎控除等を計算する場合の法定相続人の数については、実子1人の扱いになる。

ま行

未成年者控除

相続又は遺贈により財産を取得した者が次の【要件】に該当する場合には、

10万円にその者が20歳に達するまでの年数（1年未満切上げ）を乗じて計算した金額を相続税額から控除します。その控除を受けることができる金額が相続税額から控除しきれなかった場合には、その控除しきれなかった部分の金額（控除不足額）は、扶養義務者の相続税額から控除することができます。この場合には控除を受ける扶養義務者に要件はありませんので、扶養義務者が制限納税義務者であっても差し支えありません。

　過去にこの未成年者控除の適用を受けて相続税の申告書を提出したことがある場合には、原則として今回の相続税の計算において、未成年者控除を適用することはできませんが、最初に控除を受けた時の年齢で現行の控除額を使用して算出した金額から過去に控除を受けた金額をマイナスした残額がある場合には、今回の年齢で計算した控除限度額の範囲内でその残額を未成年者控除額として相続税額から控除することができます。平成27年から1年当たりの控除額が6万円から10万円に増額されているため、過去に未成年者控除の適用を受けた場合でも控除額が算出されることがありますので注意が必要です。

【要件】
① 20歳未満であること（民法の婚姻擬制は考慮しない）。
② 制限納税義務者でないこと。
③ 法定相続人（相続の放棄があった場合には、その放棄がなかったものとした場合における相続人）であること。

【参考】

既に未成年者控除の適用を受けたことがある場合の計算

> 平成24年　父死亡　　子A　当時8歳
> 未成年者控除額　　72万円を適用して申告

⇩

> 平成27年　祖父死亡　　孫A　　11歳

今回控除を受けることができる未成年者控除額
　10万円×(20歳−8歳)−72万円＝48万円
　≦10万円×(20歳−11歳)＝90万円
したがって、祖父の相続で48万円の控除を受けることができます。

みなし財産

　次の財産は、民法上の本来の財産ではありませんが、課税の公平の見地から財産とみなして相続税の課税をすることとしています。

みなし相続遺贈財産	内容
生命保険金等	被相続人が保険料を負担していた場合における死亡を基因として支払われる保険金（相続人は非課税金額あり）
退職手当金等	被相続人の死亡により支払われる死亡後3年以内に支給額が確定した退職手当金等
生命保険契約に関する権利	保険事故がまだ発生しておらず、被相続人が保険料を負担し、契約者が被相続人ではない契約の解約返戻金
定期金に関する権利	給付事由が未発生で、被相続人が保険料を負担し、契約者が被相続人ではない契約（生命保険契約を除く）の権利
保証期間付定期金に関する権利	被相続人が定期金を受給していた場合において、被相続人の死亡により遺族が継続して受給するときの受給権
契約に基づかない定期金に関する権利	被相続人が退職年金を受給していた場合において、被相続人の死亡により遺族が取得する継続受給権
低額譲受益	低い対価で譲渡を受けた場合における、時価と対価の差額相当額
債務免除益等	債務の免除，引受け、弁済が行われた場合のその免除等による利益（一定の場合には課税されない）
信託受益権	信託設定、受益者の変更、信託の終了等により適正な対価を負担せずに受益又は信託財産を取得することとなった場合のその利益等
その他の利益の享受	上記以外に財産上の利益を受ける場合のその利益

　この他にも、社団法人等への遺贈によりその法人から特別の利益を受ける者に対してその受ける利益、相続財産法人から財産分与を受けた財産、贈与税の納税猶予を受けた農地等及び非上場株式等がみなし遺贈財産となります。

無申告加算税

　申告期限を過ぎて申告する又は税務署から申告税額の決定を受けると、納める税金の15％が無申告加算税として賦課されます。税額が50万円を超えるときは、その超える部分については20％になります。正当な理由がある

場合には、無申告加算税はかかりません。無申告加算税が課せられた期限後申告又は決定について、その後修正申告又は更正があった場合にも上記の率で加算税が課せられます。ただし、決定を予知しない期限後申告の場合には、5％の率になります。なお、相続税法特則事由に基づく期限後申告書の提出の場合には、無申告加算税はかかりません。

ら行

類似業種比準価額

非上場株式（取引相場のない株の評価）に使用する価額です。主に大会社（従業員数が100人以上など）の株式の評価額に使用します。

評価会社と類似した業種の株価並びに1株当たりの配当金額、年利益金額及び純資産価額（帳簿価額によるもの）を基に、次の算式により計算します。

【算式】

$$A \times \frac{Ⓑ/B + Ⓒ/C \times 3 + Ⓓ/D}{5} \times 0.7 \times \frac{1株当たりの資本金}{50円}$$

A＝類似業種の株価
Ⓑ＝評価会社の1株当たりの配当金額
Ⓒ＝評価会社の1株当たりの利益金額
Ⓓ＝評価会社の1株当たりの純資産価額
B＝類似業種の1株当たりの配当金額
C＝類似業種の1株当たりの年利益金額
D＝類似業種の1株当たりの純資産価額

（注）Ⓑ、Ⓒ及びⒹは、1株当たりの資本金等が50円とした場合の金額とし、上記「0.7」は中会社については「0.6」小会社については「0.5」にして計算します。配当金は年平均、年利益金額は直前期と2年平均いずれかを選択する。資産に株式及び土地等の占める割合が大きい会社などについては、原則として類似業種比準価額を使用する評価方法は認められず、純資産価額など別途、評価方法が定められている。

暦年課税贈与

その年の1月1日から12月31日までの1年間に贈与により取得した財産で、贈与税が課税されるものを合計した金額（課税価格）から贈与税の基礎控除額110万円を差し引き、残額に応じた超過累進税率を適用して贈与税を計算します。個人から贈与されたものは贈与税の課税対象になりますが、法人から贈与を受けたものは所得税が課税されます。

複数の者から贈与を受けた場合は、そのすべての価額を合計して贈与税の課税価格を求め、その価額が110万円を超える場合には、翌年2月1日から3月15日までに期限内申告書を提出しなければなりません。

贈与してくれた者がその贈与から3年以内に亡くなった場合において、贈与を受けた者がその贈与者から相続又は遺贈により財産を取得する時は、その贈与財産は相続税の課税価格に加算し、納付した贈与税額は算出した相続税額から控除することになります。

なお、平成27年以降において、直系尊属から20歳以上の子や孫が贈与を受けた場合には、次の【贈与税の速算表】の「20歳以上の子や孫」の列にある特例税率を使って贈与税を計算します。この場合において、直系尊属以外の者からもその年中に贈与を受けた場合においては、その年分の贈与税額は、次の算式で計算します。

【特例贈与と一般贈与を受けた場合の贈与税額】

具体例

A　直系尊属から贈与を受けた財産（特例贈与財産）の価額
　　　　　　　　　　　　　　　　　　　　　　1000万円

B　直系尊属以外の者から贈与を受けた財産（一般贈与財産）の価額　　　　　　　　　　　　　　　　　　　500万円

⇩

その年分の贈与税額 は次の算式による。

〔(A+B)−110万円〕× 特例贈与税率×A/(A+B)
　+〔(A+B)−110万円〕× 一般贈与税率×B/(A+B)
よって、贈与税額は、下記①+②=394.16万円
① (1500万円−110万円)×40%−190万円=366万円
　　366万円×1000万円/1500万円=244万円
② (1500万円−110万円)×45%−175万円=450.5万円
　　450.5万円×500万円/1500万円=150.1666万円
この場合において、Aの価額が生前贈与加算される場合の贈与税額控除額は①の244万円です。なお、Aのうち600万円だけが生前贈与加算される時は、
244万円(①)×600万円/1000万円(A)=146.4万円。

【贈与税の速算表】

課税価格（基礎控除後）	(一般) 税率	控除額	(20歳以上の子や孫) 税率	控除額
200万円以下	10%	なし	10%	なし
200万円超　　300万円以下	15%	10万円	15%	10万円
300万円超　　400万円以下	20%	25万円	15%	10万円
400万円超　　600万円以下	30%	65万円	20%	30万円
600万円超　　1000万円以下	40%	125万円	30%	90万円
1000万円超　　1500万円以下	45%	175万円	40%	190万円
1500万円超　　3000万円以下	50%	250万円	45%	265万円
3000万円超	55%	400万円	50%	415万円
4500万円超	55%	400万円	55%	640万円

遺産分割・課税財産のポイントを理解するための問題です。それぞれの記述が適切か不適切か答えてみてください（わからないときは括弧内の項目で確認してください）。

○×理解度チェック

問1　相続財産を譲渡してその現金を相続人が取得する遺産分割の方法を「換価分割」というが、この場合、その取得した現金を課税財産として相続税の申告をすることとなる。　　　　　　　（Q 5）
問2　贈与を受けた者は、その贈与に係る贈与者が贈与の時から3年以内に死亡した場合には贈与税の課税は取消され、相続税の課税となるため相続税の申告義務が生じる。　　　　　　　　（Q 6）
問3　相続時精算課税贈与により財産を取得した者が贈与者よりも先に死亡した場合には、贈与者が死亡した際に、その受贈者の相続人がその贈与財産についての相続税の申告義務を承継する。（Q 7）
問4　退職により、3000万円の退職金を退職時と翌年4月の2回に分けて受領することとなっていたが、退職した年に死亡し、2回目の1500万円は死亡後に支払われたため、相続人は2回目の1500万円についてはみなし相続財産として非課税金額を計算することができる。　　　　　　　　　　　　　　　　　　　　（Q10）
問5　教育資金の一括贈与又は結婚・子育て資金の一括贈与の非課税の適用を受けた場合において、その資金の贈与者が死亡したときは、教育資金の残額は相続税課税されないが結婚・子育て資金の残額は相続税課税される。　　　　　　　　　　　　（Q19）

問6	相続税の申告書提出後に遺留分の減殺請求を受けた場合には、その請求を受けた日から4月以内に限り相続税法特則規定に基づく更正の請求をすることができる。　　　　　　　　　　(Q21)
問7	死因贈与は、始期付所有権移転仮登記をすることができる。 (Q32)
問8	遺言書がある場合には、その遺言内容と異なる遺産分割はできない。　　　　　　　　　　　　　　　　　　　　　　　　(Q34)
問9	相続の開始があったことを知った日から3か月以内を過ぎてしまうと、一切相続を放棄することはできなくなる。　　　　(Q44)
問10	遺言により、法人に対して貸付金の弁済を免除した場合又は高額な資産を遺贈した場合には、その法人の株主が相続税課税されることもある。　　　　　　　　　　　　　　　(Q23)(Q48)

（注）ファイナンシャル・プランニング技能士センター会員のポイント取得のためのテストであり、正解などは公表いたしません（http://www.kinzai.or.jp/fpginou/index.html）。

■**筆者プロフィル**

中　都志子（なか　としこ）
関西学院大学商学部卒業。
税理士事務所勤務中の平成3年税理士登録。
同年に中税理士事務所開設。同年、資産・財務コンサル会社である㈱中ビジネスセンターを事業承継。相続案件を数多く扱い、税理士受験専門学校でも相続税の講師を20年以上担当する。
平成5～9年京都産業大学非常勤講師。
現在、関西学院大学非常勤講師。

相続を成功へ導くアドバイス
Q&Aで完全攻略　遺産分割・課税財産

平成27年9月22日　第1刷発行

著　者　中　都　志　子
発行者　加　藤　一　浩
発行所　株式会社きんざい
〒160-8520　東京都新宿区南元町19
電話　03-3358-0016（編集）
　　　03-3358-2891（販売）
URL　http://www.kinzai.jp/

本書の記述内容の変更等を行う場合は下記ウェブサイトに掲載します。
http://www.kinzai.jp/fp/index.html

デザイン・DTP　タクトシステム株式会社
印刷　三松堂印刷株式会社　ISBN978-4-322-12835-2

・本書の全部または一部の複写、複製、転訳載および磁気または光記録媒体、コンピュータネットワーク上等への入力等は、特別の場合を除き、著作者、出版社の権利侵害となります。
・落丁、乱丁はお取換えします。定価はカバーに表示してあります。